PETIT COURS

DE THÊMES

SUR

LA LANGUE FRANÇAISE,

Dans lequel il s'agit d'achever les mots ou d'en créer l'orthographe, selon la règle qui précède chaque thême,

PAR

A. Champalbert,

PROFESSEUR DE GRAMMAIRE.

DEUXIÈME ÉDITION.

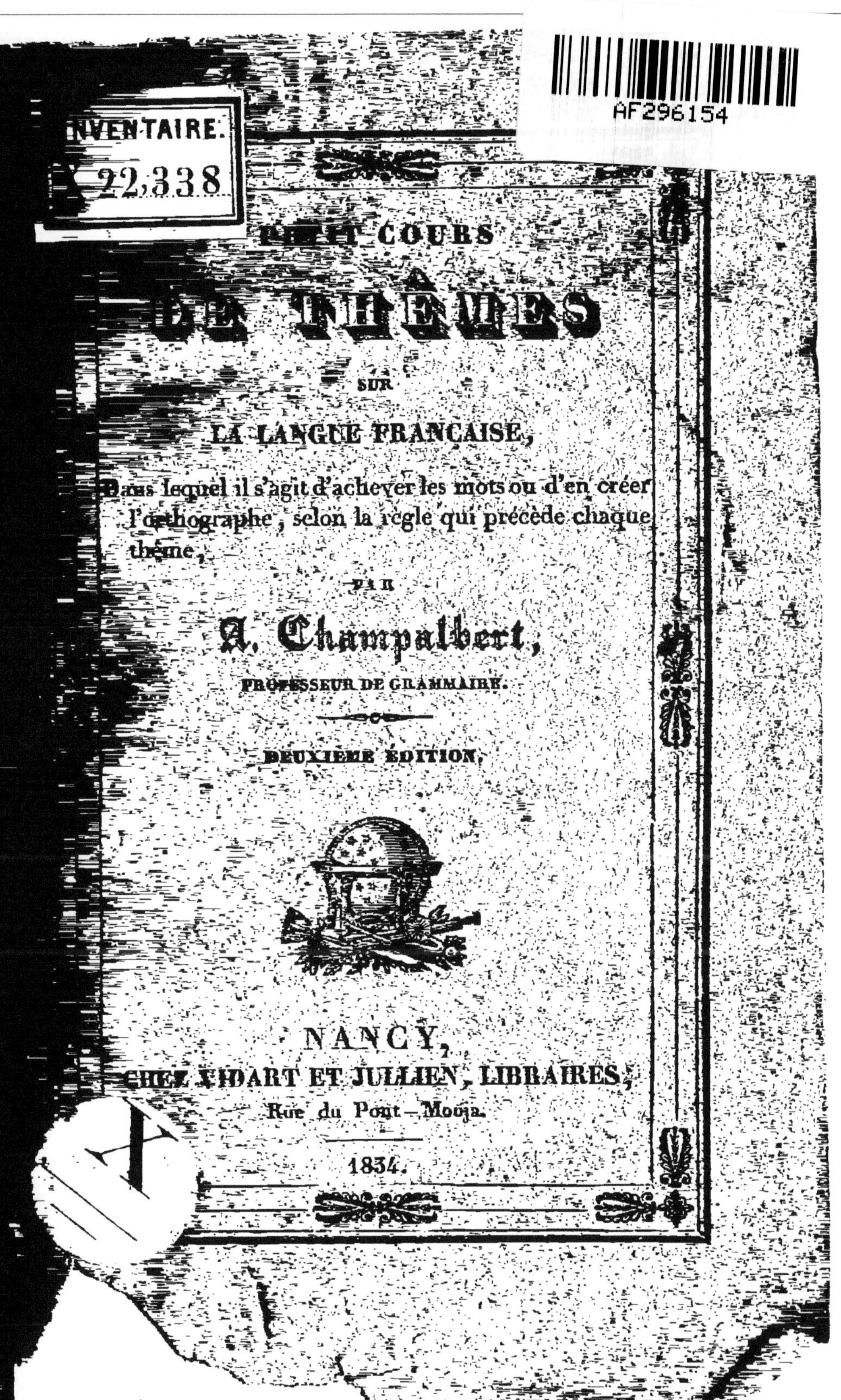

NANCY,

CHEZ VIDART ET JULLIEN, LIBRAIRES,

Rue du Pont—Mouja.

1834.

PETIT COURS

DE THÊMES

SUR

LA LANGUE FRANÇAISE,

Dans lequel il s'agit d'achever les mots ou d'en créer l'orthographe, selon la règle qui précède chaque thême,

PAR

A. Champalbert,

PROFESSEUR DE GRAMMAIRE.

DEUXIÈME ÉDITION.

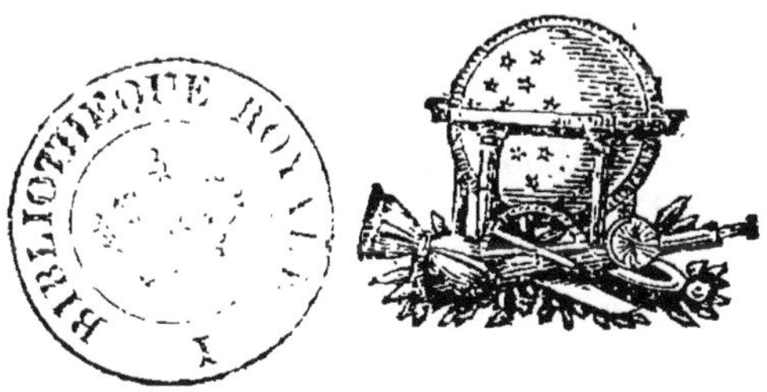

NANCY,

CHEZ VIDART ET JULLIEN, LIBRAIRES,

Rue du Pont—Mouja.

1834.

AVANT-PROPOS.

L'opuscule intitulé *Petit cours de Thèmes sur la langue française*, quoique légèrement cacographié, et peut-être trop succinct, a été jugé utile par un grand nombre d'instituteurs, qui le redemandent depuis assez long-temps: mais des motifs particuliers m'ont empêché jusqu'à présent de le faire réimprimer.

Dans cette seconde édition, j'ai suivi la même méthode que dans mes exercices orthographiques, et voici en quoi elle consiste.

Chaque exercice est précédé de la règle qui y est relative.

L'orthographe d'aucun mot n'est altérée.

La plupart des mots ne sont point achevés; l'élève est chargé du soin de les terminer selon les règles.

Trois points indiquent une lacune à remplir par un mot précédent imprimé en lettres italiques, mais qui doit reparaître sous la forme qu'exigent le sens et la règle.

Exemple : On ne peu.. désir.. ce qu'on ne connaî.. pas.
— Ecrivez : On ne peut désirer ce qu'on ne connaît pas.

On di.. q. les ennemi.. ... pass.. le Rhin : ... s'e.. tromp..
— Ecrivez : *On* dit que les ennemis *ont* passé le Rhin : *on* s'est trompé.

Enfin, en répétant les mêmes exercices sous toutes les formes que présentent les nombres, les temps et les modes, on en multiplie considérablement le nombre.

Lorsque l'élève aura écrit tous les exercices contenus dans cet ouvrage, il devra, en les répétant, y joindre mes *Exercices sur les homonymes français et sur les genres*, rédigés d'après la même méthode, et dont le titre suffit pour en faire concevoir l'utilité.

ABRÉVIATIONS.

C. D. *Complément direct.*
C. I. *Complément indirect.*
N. *Nous.*
V. *Verbe, et dans les exercices, vous.*
M. *Masculin.*
F. *Féminin.*
S. *Singulier.*
PL. *Pluriel.*

PETIT COURS
DE THÊMES

SUR

LA LANGUE FRANÇAISE.

PREMIER EXERCICE. Les mots qui commencent par *dif* ou dont la seconde lettre est une *f*, prennent deux *f*, excepté *afin*, *éfourceau*, *if*. — Les mots qui commencent par *dé* ou par *e* ne doublent pas la consonne suivante, excepté ceux qui sont composés de *dé* et d'un mot qui commence par *s*, ainsi que *dessin*, *dessein*, *dette*, *descendre* et leurs dérivés. — Les mots qui commencent par *habi* prennent une *h*, excepté *abîme*, *abîmer*. — *Abbé* et ses dérivés prennent seuls deux *b*; *addition*, *reddition*, *adducteur* et les dérivés prennent seuls deux *d*. — La plupart des mots qui commencent par *a* doublent la consonne suivante.

En cet affreux désert tout me remplit d'effroi. — Délivrez-vous de ce détestable défaut. Diffère encore, diffère un moment de t'ouvrir. — Des ormes et des ifs aussi vieux que leur mère. — Approche, afin qu'on te voie mieux. — L'aimant attire le fer.— Accourez, troupe fidèle. — Le dessein en est pris. — Il est étourdi comme un étourneau. — Appelle-moi

Lindor. — La critique est aisée et l'art est difficile.—Faites dessaler cette morue. — On était au dessert.— La vertu est l'habitude des bonnes actions. — O mon habit, que je vous remercie ! — L'habileté est l'intelligence, la science ; l'habilité est le droit de succéder. — Tu te plonges dans un abîme de maux. — Abîmer, signifie plonger dans un abîme, et non souiller, gâter. — Le vaisseau s'abîma sous nos yeux. —Inutiles efforts ! — Je t'ai défait d'un père, et d'un frère et de moi.

2. Les subst. et les adj. forment ordinairement leur pluriel en prenant une *s*.

J'aime la poire, la pomme, l'orange, le melon, la cerise, la groseille, la fraise, la framboise, la prune, la pêche, l'abricot. *Mettez au pluriel.*

3. L'adj. s'accorde en genre et en nombre avec son subst., et forme ordinairement le fém. en prenant un *e* muet. — Mais si le mot est déjà terminé par *e* muet, on n'ajoûte rien pour le fém.

Le *petit* panier. — La... corbeille. — Le *grand* garçon. — La... fille. — L'*aimable* enfant. — L'... demoiselle. — Le papier *bleu*. — La toile... — La fleur *jaune*. — Le bouton... — Le fil *gris*. — La soie... — *Mettez au pluriel.*

4. Les subst. et les adj. terminés au singulier par *s*, *x*, *z*, ne changent rien au pluriel.

Le bois silencieux. — La voix douce. — Le jus

épais et doux.—Le mauvais buis.—Le succès, l'accès, le progrès, le décès. — Le nez camus. La noix pleine. — La première fois. — La croix blanche.— *Mettez au pluriel.*

5. Les subst. en *eu* prennent *x* au pl.; mais les adj. en *eux* prennent *x* au s. et au pl.—Excepté *bleu* et *feu* (*défunt.*)— Un *lieu* et une *lieue.*

Le feu éteint. — Le jeu ennuyeux.— Le cheveu blanc. — Le lieu solitaire. — L'enfant paresseux. — L'homme orgueilleux. — Le marbre creux. — Le dieu de la guerre.— Le vœu présomptueux — L'aveu honteux. — Le désaveu. — Un habit *bleu*, une pierre…—La lieue de France. *Mettez au pl.* Feu la reine, la feu reine, le feu roi, *sans pl.*

6. Les subst. en *té* qui désignent des qualités, ne prennent qu'un *e*. — Ceux qui marquent une contenance, ainsi que tous les autres fém. en *ée* prennent *ée*. — La *pâtée*, le *pâté.*

V. admirez la bont.., la fermet.., la probit.., l'é-quit.. réunies.— On connaît la cruaut.. la férocit.., la voracit.. du tigre. — la supériorit.., la majest..— N. av. une charrett.., une hot.., une pot.., une plat.., une assiett.. de légumes. —Quelle journ..! — A une port.. de fusil.

7. Les subst. en *eur* s'écrivent sans *e* muet, excepté *heure, demeure, beurre* et *leurre.*— Les adj. en *eur* qui marquent une comparaison, ont le fém. en *eure.*

J'ai mesuré la larg.., la long.., l'épaiss.. de cette pièce. — Tu connais la coul.., l'od.., la sav.. de ce fruit. — l'horr.., la terr.., la peur. — Il est deux h..; à 5 h.. je serai près de ma dem.. — Cette étoffe est-elle meill.., supér.., infér..?—Mon vin est meill.. — J'éprouve des doul.. intér..—Mon drap est-il meill.., supér.., infér.. ?

8. Les mots masc. terminés par *l* mouillée ne prennent qu'une *l*; les fém. prennent *lle*; excepté les masc. *chèvre-feuille* et *porte-feuille*. — *Cueil* et *gueil* prennent *u* devant l'*e*.

Le trav.. inutile..—Le somm.. tranquille, le paisible rêv.. — Quelle merv..! — Il prend les crapauds pour des gr.., et les citr.. pour des melons.—Le teint *verm..*, les joues... — Un joli écur.. — Les f.. des arbre..—J'ai mal à l'or.. — Quel org..! quel acc..!

9. Sing. m. *al*; pl. *aux*; f. *ale*, *ales*.— m. *eau*, pl. *eaux*; f. *elle*.

Le canal ouvert. — Le fanal allumé. — Le mal léger. — Le cheval, animal utile. — Le corps *végétal*, *animal*, *minéral*. — La substance...... — Le compte *général*, *principal*.—La règle....—Cet habit est *beau*, *nouveau*, cette robe est.... — Voilà l'écrit.., le mant.., le fard.., le mart.., le morc.., le monc.. — *Mettez au pl.*

10. Noms en *ail* qui ont leur pl. en *aux*. —*Aïeul*, *ciel*, *œil*, *bétail*; pl. *aïeux*, *cieux*, *yeux*, *bestiaux*.

L'émail, le corail brisé. — Le soupirail ouvert. —
Le bail signé. — Je vois le ciel. — L'œil fermé. —
Le bétail vendu. *Mettez au pl.*

11. *Cours* et ses dérivés prennent *s* au sing.
et au pl., ainsi que *ours*, *velours*. — Mais on
écrit *la cour*, *court*, adj.; les autres sont en *our*.

Venez à mon *sec*..; j'attends vos...; j'ai rec.. à v..
— Il se fit un grand conc.. pour écouter ce disc.. —
Suivez le c.. du fleuve; entrez dans la c.. par le chemin
le plus c.. — Une peau d'ours, un collet de vel.. —
Le cont.. est immense. — Cette t.. est un triste séj..
— L'am.. du travail. *Terminez en ours ou en our.*

12. M. en *f.*, fém. en *ve.*

Il est *vif*, *attentif*, *oisif*, *plaintif*, *veuf*, *neuf*;
elle est...........

13. Adj. qui ont le m. en *il*, le fem. en *ile.*
Il est *civil*, *incivil*, *puéril*, *subtil*, *vil*, *viril*.
— Elle est...... Sol *volatil*, poudre... — *L'an*
bissextil, l'année.....

14. Les autres adj. en *ile* ont le m. et le f.
semblables. — Ecrivez aux deux genres *tran-*
quille, *imbécille*.

L'enfant *docile*, *indocile*. — La fille... — Le
trav.. est *facile*, *difficile*, *utile*, *inutile*. — La
besogne est....... — Un terrain *fertile*, *stérile*, *mo-*
bile. — Une terre...... Ce pauvre *imbécille est fort*
tranquille. — Cette pauvre......

14. Les adj. en *el* ont le fém. en *elle*. — *Fi-dèle, infidèle, grêle, parallèle, rebelle* ont le masc. semblable au fém.

Un attachement *personn.., étern.., mut.., patern.., matern.., actu.., mort.., immort..* — Une tendresse...... — Le domestique *fid.., infid..* — La fille.... — Le peuple *reb..* — La nation...

15. On trouve la dernière lettre des adj. par le fém., et celle de plusieurs autres mots par quelque dérivé.

Voici le cordonn.., le boulang.., le bouch.., l'horlog.., le menuis.., le charpent.., le berg.. — Soyez circonsp.. — V. me devez le resp.. — Je souffre le froi.., le chau.. — Un frui.. ron.., peti.., blan.. — Le repo.., le mépri.. — Il est sour.., man-cho.., boiteux.

16. L'adj. qui se rapp. à deux ou à plus. subs. se met au pl. de même genre ; et si les subs. sont de diff. genres, l'adj. se met au masculin.

La pomme et la poire sont cueill.. — Le soldat et le matelot sont malad.. — Je trouve le bouill.. et le rôt.. froi.. — Voilà la forêt et la prairie inond.. — Le bien et le mal sont confond..

17. Ecrivez en lettres les nombres suivants. —Ils sont inv.

1, 2, 3, 4, 5, 6, 7, 8, 9, 10, 11, 12, 13, 14, 15, 16, 17, 18, 19, 20, 30, 40, 50, 60, 70, 80, 90, 100, 1000.

18. *Cent* au pl. et 80 prennent une *s* quand ils ne sont pas suivis d'un nom de nombre. — 1000 est inv. — Dans la date des années on écrit *mil :* 100 et 80 sont alors inv. — *Mille*, mesure de chemin, prend une *s* au pl.

L'ennemi a perdu 5000 hommes tués, 7800 prisonn.., et 80 pièces de canon. — J'ai un pensum de 550 vers. — Ce jeune homme a gagné hier 580 f. au jeu, et ce matin il en a perdu 897. — La révolution éclata en 1789. — La bataille de Marengo fut gagnée l'an 1800. — Cette comète reparaîtra dans 500 ans. — L'Amérique fut découverte l'an 1492. — Le degré terrestre vaut 69 *mill..* d'Angleterre. — Ce village est à 5 ... de Londres. — Tu es né en 1780.

19. *Demi*, inv. devant le nom, en prend seulement le genre quand il le suit. — *Demie*, n'étant joint à aucun subst., peut prendre le pl. *Nu*, *excepté*, inv. devant le nom, en prennent le genre et le nombre quand ils le suivent. — Ecrivez *la nue propriété*.

Ce cheval, dans une *dem..*-heure, a fait 3 lieu.. et ... — Tracez 3 ....circonférences. — Ce coupon est de 5 aunes et ... — La ... est sonnée. — Cette horloge sonne les ... — 8 ... font 4 unités. — J'ai perdu une ....journée. — On n. donne 5 livres et ... de pain par jour. — J'étais *nu*-pieds, ... jambes, ... tête. — J'avais les pieds ..., les jambes ..., la tête ... — *Excepté* ces dames, ... ces messieurs,

... ma fille, tout le monde est parti.--Ces tableaux
..., cette pendule ... , j'achète tous les meubles.
— On appelle *nue* propriété, la propriété sans
jouissance.

20. On trouve le SUJET d'une proposition en
faisant la question qui est-ce qui? — Le verbe
s'accorde touj. avec le suj. en nombre et en
personne. — A la 1re et la 2e personne le v.
est terminé par une *s* ; à la 3e personne par un *t*.
— Mais si la 1re ou la 3e pers. se termine par
e muet, on n'y ajoute rien.

Je vai.. et je vien.. —J'aborde où je pui.. — Tu
dor.., Brutus ! — Q. crain.-tu ? Tu port.. César.
—Le temps fui.., et la mort approch..—Il parl..,
et dans la poudre il les fai.. tous rentrer.

21. *Je*, *tu*, *il*, *ils*, *on*, sont touj. suj., et
gouvernent touj. le v., même quand ils en
sont séparés par plusieurs mots. — *On*, subst.
indéfini, sign. *quelqu'un*, *chacun*, et veut
touj. le v. suivant à la 3e pers. du s.

Puisque tu me demand.. ces oiseau.., je te les
donn.. avec plaisir ; mais tu ne les laissera.. pas
mourir de faim.—Je trouv.. assez de fl.. ici ; tu
ne m'en priv.. pas. — On me disai.. q. ton père
étai.. irrit.. contre moi, et qu'il me punirai..—
Je plain.. les méchan.., mais je ne les hai.. pas.
— On n. assistai.. autant qu'on le pouv.. —On
connai.. ses défau.., mais on se les pardonn..

22. La 1re pers. du pl. se termine en *ons*, la 2e en *ez*, la 3e en *ent*. Mettez au pl. les deux ex. 20 et 21.

23. Ecrivez *a* sans accent, et *ont*, v. avoir, quand on peut les tourner par *avait*, *avaient*. — Mais *à*, préposition, avec accent grave. — *On*, sign. *quelqu'un* ou *chacun*, touj. 3e pers. sing. — *Est*, v. être au sing., et *sont* au pl., quand on peut tourner par *était*, *étaient*; *et*, conjonction, sign. *et puis*; *son*, subst. m.; *son* sign. *le sien*. — *Ce*, celui-là, cela; *se*, soi-même. — *Ces*, ceux-là, celles-là; *ses*, les siens. — *Leur*, inv. sign. à eux, à elles. — *Soi*, sign. *soi-même*; *soit*, *soient*, v. être.

Chacun *a* ses défau.. — ... dire vrai, il ... tort. —Je reste ...Paris.—Cet homme ... peu d'argent. — Je rev.. ... l'instant. — Cette femme n. ... quittés ... Metz. — *On* di.. q. les gran.. homm.. ... touj.. fait de gran.. fautes. — Hélas! ... sai.. q. de tout temps les peti ... pâti des sottises des gran.. — Les pauvres ... peu d'amis. — ... prétend q. les affaires ... souffert. — La mouche *et* la fourmi. — Il ... gran.., il ... beau de faire des ingra.. — La victoire ... la nuit, plus cruel.. q. n. — La vertu ... l'habitude des bonn.. actions. — Un lièvre en *son* gîte songeai.. — Les vertus devrai.. être sœurs, ainsi q. les vices ... frèr..—Je reconn.. le ... de sa voix. — Les temps ... écoul.. — Oui, je vien.. dans ... temple ador.. l'Eternel. — Ils ... dans l'affliction.

— Les solda.. ... arriv.. — On *se* cache. — ...
monde-ci n'e.. qu'une œuvre comique. — Où la
vertu va-t-elle ... nicher? — ... Dieu q. tu trahi.., ...
Dieu q. tu blasphèm.., pour toi, pour l'univ.., e.
mor.. en ces lieu.. mêm.. — Ils ... sont regardés
sans ... parl.. — Pourquoi *ces* éléphan.., ... arm.., ce
bagage, e. ... vaisseaux tout prê.. à quitt.. le rivage?
— Chacun a. ... bonn.. e. ... mauv.. qualit.. — La
guerre a ... douceurs, l'hymen a ... alarm.. — Dans
... jours consacr.. aux larm.. — Il a perdu ... liv..
e. ... plumes. — Abandonnons les coupables à *leurs*
remor..; ne ... souhaitons pas d'autre supplice.
— Ces malheureux son.. vos semblab..; v. ... dev..
des secours. — Les cavaliers cherch.. ... chev..

24. L'INFINITIF exprime l'action sans suj.;
il est inv., et on le reconnaît quand on peut y
substituer *rendre* ou *faire*. — L'inf. divise les
v. en 4 conjugaisons; la 1re a l'inf. terminé en
er, la 2e en *ir*, la 3e en *oir*, la 4e en *re*.

1° Parler — crier — frémir — gémir — couvrir
— rougir — savoir — prévoir — avoir — prendre
— perdre — tordre — mettre — peindre — rire —
cuire — lier — essayer — pâlir — concevoir —
pouvoir — faire — dire — cuire — suivre — 2° Je
doi.. rest.. — Il va parl.. — On peu.. trouv.. —
Chant.. me fatigue. — Le temps de trav.. — Il
sai.. dans.. — Il fini.. par pleur.. — N. venon..
pour déjeun.. — Je par.. sans écout..
Désignez les conjugaisons.

25. Les v. de la 1re conj. ont la 1re pers. du

prés. ind. terminée en *c* muet. — Les v. en *dre* prennent *ds*, *ds*, *d*, au prés. de l'ind. — Mais les v. en *indre*, et les 3 v. *absoudre*, *dissoudre*, *résoudre*, rejettent le *d*, et prennent *s*, *s*, *t* au prés. ind. — Les v. en *cre*, *pre*, *tre*, prennent *cs*, *cs*, *c* : *ps*, *ps*, *pt* : *ts*, *ts*, *t*.

Adorer. J' ... un seul Dieu. — Ce parasite ... les caprices de son maître. — *Créer.* Tu te ... des chimères. — On ... de nouv.. emplois. — Je me ... des plaisirs. — *Scier.* Je ... une gro.. branche. — On ... ces planches ; on les ... par le milieu. — *Confier.* Je v. ... mon fils. — Voilà les trésors q. tu me ... — On te ... mon bonheur. — *Enseigner.* Tels sont les arts que je v. ... — Ce maître m'... les mathématiq.. — *Dépouiller.* Elle se ... pour v. — Tu me ... de mes biens. — Elle se plain.. qu'on la ... de tout. — Je ne la ... pas. — *Nuire.* Tu me ... — Je ne ... à personne. — Elle se ... — On te ... — *Écrire.* Voilà la lettre qu'on m' ... — Tu ... mal ces mots ; je ne les ... pas ainsi. — *Fournir.* Telles sont les preuv.. que je te ... ; chacun t'en ... — Tu n'en ... pas de contraires. — *Tondre.* Je ... bien les brebis ; tu les ... mal. — Cet homme ... les chiens ; il les ... très-bien ; il en ... beaucoup. — *Perdre.* O mon ami, je te ... — Elle se ... dans ce bois. Tu me ... pour touj.. — *Craindre.* Je te ... — On me ... — On ne ... vos ennemis ; on en ... de plus puissan.. — *Peindre.* Je ... des fleurs ; tu en ... aussi. — Cet artiste ... bien les arbr.. ; il en ... chez moi. — *Dissoudre.* Je ... le sucre dans l'eau. — Tu

... cette société. — *Vaincre, convaincre.* Je v..
son opiniâtreté. — Il v.. son penchant. — On v.. le
malh.. par la patience. — Le sage v.. ses passions.
— Je-te conv.. d'injustice. — tu ne me conv..
pas. — *Rompre, corrompre, interrompre.* Tu
me r.. la tête. — Je ... tous commerce avec toi.
— L'exemple n. *corr..* — Le luxe ... les homm..
— Tu *interr..* mes trav.. — *Mettre.* Je me ... à
ta place. — Voilà la robe q. tu ... — *Prendre.* Je
la ... par la main. — Tu t'y ... mal. — L'ennemi
... la ville ; je la repr.. — *Concevoir, recevoir,
apercevoir.* Je conç.. cette proposition. — Il me
reç.. amicalement. — Voilà ta sœur ; je l'aper..
— *Acquérir, requérir, conquérir.* — On *acq.*
des connaiss.. par l'étude : tu n'en ... point. —
L'autorité te *req..* de fournir un cheval. — Je ...
ton secours. — Je *conq..* ton estime : je la ... malgré
toi. — Quelle fortune il acq.. par son trav..! —
Mourir. Je ... d'ennui. — Mon père ... à l'instant.
— *Courir, accourir, récourir.* Je c.. cherch..
du secours. — Cet animal ... très-vite. — On *acc..*
de tous côtés. Il lui fai.. signe, elle ... — Tu *rec..*
enfin à moi. — *Voir.* Je te ... chaque jour. — Ma
plume est perd.. ; je ne la ... pas.

Mettez *y* entre deux voyelles : mais changez
y en *i* devant *e* muet.

Envoyer. Je t'... des frui.. ; tu m'... des fl.. —
On me *renv..* mes lettr.. — Elle te ... — *Essuyer.*
On ... souv.. des contrariétés. — Le domestique nett..
les meubl.., et il les ess.. — *Essayer.* Il s'... à
vol.. — On m'apporte des habi.. : je les ... — Tu
... de m'effr..

Après avoir écrit cet ex., chang. le sing. en pl.

26. Les v. en *eler* prennent deux *l* , et les v. en *eter* deux *t* devant un *e* muet. — Les v. en *ger* prennent un *e* après le *g* devant *a* ou *o*. *céler* , *geler* , et leurs composés ne prennent pas deux *l*.

Appeler. Tu m'... à la gloire. — Qui t'...? — Je ne t'... pas. — *Chanceler*. Il ... , il tombe. — Quoi ! tu ...? — Je ... — *Jeter*. On me ... une pomme. — Elle se ... à vos genoux. — *Cacheter*. Je ... ma lettre. — La lettre q. tu ... partira demain. — *Manger*. J'ai une pomme, je la ... — Ces frui.. sont bon.. ; on les ... cui.. — *Céler*. Il me ... ses démarches. — Je ne te ... rien. — *Geler*. Il ... tou.. les jours. — En vérité, je ... *Mettez au pl. les exercices* 25 *et* 26.

27. Le PARTICIPE est un adj. formé du v. — Le PARTICIPE PRÉSENT ou ACTIF présente le subst. comme faisant l'action ; il est touj. terminé en *ant* et inv.

Ouvrir. Je voi.. le jardinier ... la porte, e. sa femme ... les volets. — *Écrire*. Voilà mon frère ... une lettre, e. ma sœur ... une chanson. — *Chercher*. Le coq ... un grain de millet, trouva une perle. — Je vois cette femme touj.. ...

Le PARTICIPE PASSÉ ou PASSIF présente le subst. comme ayant éprouvé l'action ; il est touj. terminé en *é* dans la 1re conj. ; dans les

autres on trouve la lettre finale du part. passé
par la terminaison du fém. — Il s'accorde en
genre et en nombre avec son subst.

Ouvrir. Voilà le jardin ..., la porte ... —*Dé-
chirer.* Je trouve un billet ..., une lettre ... —
Casser. mon gobelet e. ..., ma fouchette e. ... —
Battre. L'ennemi fu.. ... — Notre armée étai.. ...
— *Soumettre.* Le peuple ..., la nation ... *Mettez
les deux parties de cet ex. au pl.*

28. Il y a cinq TEMPS PRIMITIFS : le *prés.
ind.*, dont on forme l'impératif, retranchant
les pronoms. — Le *prét. déf.*, dont on forme
l'imp. subj., en changeant *ai* en *asse* dans la 1re
conj., et en ajoutant *se* pour les 3 autres. —
Le *prés. de l'inf.*, dont on forme le futur, en
changeant *r* ou *re* en *rai*, et le cond., en
ajoutant *s* au futur. — Le *part. prés.* dont on
forme le pl. du prés. ind., en chang. *ant* en
ons, l'imp. ind., en changeant *ant* en *ais*, et
le prés. subj., en chang. *ant* en *e* muet. —
Enfin, le part. passé, dont on forme tous
les temps composés en y joignant les temps du
v. *avoir*, et, pour quelques v., ceux du v.
être.

*Ecrivez les temps primitifs des v. des ex.
24, 25, 26.*

29. L'imp. ind. et le prés. subj. prennent un

i de plus aux 2 1res pers. pl. que le prés. ind. — Les v. de la 1re conj. prennent touj. *e* devant *r* au fut. et au cond. — *Prendre, venir, tenir* et leurs composés prennent deux *n* devant un *e* muet. — Les v. en *enir* ont le fut. en *iendrai*, les v. en *voir* l'ont en *vrai*. — Dites *j'enverrai, verrai, acquerrai, courrai, mourrai, pourrai* par deux *r*. — Les composés de *quérir* prennent *i* devant *e* au prés. ind. et subj., excepté aux 2 1res pers. du pl. — Le prés. subj. est touj. terminé par *e* muet.

30. *PREMIER TABLEAU* de la formation des temps.

PR. IND.	PRÉT. DÉF.	INF.	PART. PR.	PART. PASSÉ.
Je lie *Impératif.* Lie Lions Liez	Je liai Tu lias Il lia N. liâmes V. liâtes Ils lièrent *Imp. subj.* Q. je liasse Q. tu liasses Qu'il liât Q. n. liassions Q. v. liassiez Qu'ils liassent	Lier *Futur.* Je lierai Tu lieras Il liera N. lierous V. lieréz Ils lieront *Conditionnel.* Je lierais Tu lierais Il lierait N. lierions V. lieriez Ils licraient	Liant *Prés.ind.* N. lions V. liez Ils lient *Imp. ind.* Je liais Tu liais Il liait N. liions V. liiez Ils liaient. *Prés. s.* Q. je lie Q. tu lies Qu'il lie Q. n. liions Q. v. liiez Qu'ils lient	Lié TEMPS COMPOSÉS. *Prét. ind.* J'ai lié *Prét. ant.* J'eus lié *Pl. parf.* J'avais lié *F. passé.* J'aurai lié *C. passé.* J'aurais lié *Prét. subj.* Q. j'aie lié *Pl. p. s.* Q. j'eusse lié

SECOND TABLEAU *de la formation des temps.*

PR. IND.	PR. DÉF.	INF.	PART. PR.	PART. PASSÉ.
Je lis	Je lus	Lire	Lisant	*Prét. ind.* J'ai lu
Tu lis	Tu lus			*Prét. ant.* J'eus lu
Il lit	Il lût	*Futur.*	*Pr. ind.* N. lisons	*Pl. parf.* J'avais lu
	N. lûmes		V. lisez	*F. passé.* J'aurai lu
Impératif.	V. lûtes	Je lirai	Ils lisent	*C. passe.* J'aurais lu
	Ils lurent	Tu liras		*Pl. p. s.* Q. j'eusse lu
lis		Il lira	*Imp. ind.* Je lisais	*Prét subj.* Q. j'aic lu
lisons	*Imp. sub.*	N. lirons	Tu lisais	*Prét. inf.* Avoir lu
lisez		V. lirez	Il lisait	
	Q. je lusse	Ils liront	N. lisions	
	Q. tu lusses		V. lisiez	
	Qu'il lût.	*Conditionnel.*	Ils lisaient	
	Q. n. lussions			
	Q. v. lussiez	Je lirais	*Prés. subj.* Q. je lise	
	Qu'ils lussent	Tu lirais	Q. tu lises	
		Il lirait	Qu'il lise	
		N. lirions	Q. n. lisions	
		V. liriez	Q. v. lisiez	
		Ils liraient	Qu'ils lisent	

Conj. les v. de l'ex. 24 *; savoir ceux de la* 1re *conj. d'après le premier tableau, et ceux des* 3 *autres d'après le second.*

31. D'après les règles 27 , 28 , et ces deux tableaux, on voit que le part. passé s'emploie comme adj. joint au nom ou au v. *être*; et qu'il se joint au v. *avoir* pour former les temps composés. — Joint au v. *avoir*, le part. passé ne s'accorde pas avec le sujet.

Arracher. La plante ... se flétri.. — Cet arbre fu.. ..— Elle a ... mon jasmin. — *Fermer*. Tu as ... le cabinet. — Voilà la fenêtre ... — Le grenier étai.. ... — *Cuire*. Le pain bien ... , la viande ... — J'ai ... mon pain. — *Couvrir*. Le panier ... , la corbeille ... — Elle av.. ... la corbeille. *Changez le sing. en pl.*

32. Il y a cinq MODES. L'INDICATIF affirme l'action passée, présente ou future; le CONDITIONNEL la suppose moyennant une condition ; l'IMPÉRATIF l'ordonne ou la défend par un seul v.; le SUBJONCTIF en exprime le doute, le désir, la crainte, au moyen d'un v. ou d'une conj. précédente ; enfin l'INFINITIF exprime l'action sans désigner de sujet.

La vérit.. réside aux pieds de l'étern.. — Je le vi.., je pâli.., je rougi.. à sa vue. — On sera ridicule e. je n'oserai rire ! — J'achèterais un manteau, si j'av.. de l'arg.. — On rirai.. ; si l'on y voyai..

— Parl.., q. m. veu..-tu? — Meur.. libre, e. soi.. veng.. d'un traître. — Tonn.., pleur.., gémi.., j'y sui.. indifférente. — On veu.. q. je cour.., e. je ne pui.. march.. — Oreste, se peut-il qu'Electre te revoi..? — Moi, je veux qu'on t'ador.., e. non pas qu'on te craigne. — Q. vouliez-v. qu'il fî.. contre trois? Qu'il mourû.., ou qu'un beau désespoir au moins le secourû.. — Mourir, c'e.. renaître à une nouvelle vie. — Vouloir ce q. Dieu veu.. e. la seule science qui n. met en repo.. — Comment goûter quelque repos? *Rendez raison des modes.*

33. Le PRÉT. DÉF. désigne un temps entièrement écoulé.—Le PRÉT. IND. désigne un temps non déterminé, ou dont il reste encore quelque partie à s'écouler.—Le PRÉT. ANTÉRIEUR désigne une action faite avant une autre qui elle-même eut lieu dans un temps entièrement achevé.

Prendre. N. ... cet été plus de 200 cailles. — Les Turcs ... Constantinople l'an 1453. — Mon père ... part au chagrin q. v. éprouv.. — Lorsque les Gaulois ... Rome, il assiégèr.. le Capitole. — *Opérer.* De gran.. changemen.. s'... en Europe au 15e siècle. — N. ... ce matin tou.. ces changemen.. — Lorsque le général ... cette retraite, la mauv.. saison survint.—*Quitter.* Sous Charles VII, les Anglai.. ... la France. — Nos armées ... depuis peu les bords de la Vistule. — Dès que n. ... le rivage, les ennemis abordèr..

34. On emploie le PRÉS. DU SUBJ. quand le v.

qui précède est au prés. ou au fut.; et l'IMPARF..
DU SUBJ., quand le premier v. est à un temps
passé ou au cond.

Il fau.. q. je trav.. — On veu.. q. tu parl.. —
J'atten.. q. mon frère s'arrêt.. — Je serai charm..
qu'on me recondui.. — Il sera imposs.. q. j'arriv..
aujourd.. — V. attendr.. q. l'eau baiss.. — V.
permettrez q. cet enfan.. sor.. — Tu exiges q. je
boive cette liq.. — Il ordonne q. le prisonnier
paraisse. — V. voul.. qu'un roi meur.. Il sera
difficile que je ri.. — Je souhaite que ta sœur te
croi.. *Changez le sing. en pl.*

35. *Recommencez cet exercice en changeant dans le premier v. de chaque phrase,
le présent en passé, et le futur en cond.;
ensuite chang. le sing. en pl.*

36. Recommencez successivement à tous les
temps, au sing. et au pl., les exercices 20, 21, 23,
24, 25, 26: pour obtenir le subjonctif au prés.,
mettez en tête de chaque phrase *il faut, on
désire, on veut, on exige,* etc., et pour
obtenir l'imp. du subj., mettez *il fallait, on
désirait, on voudrait,* etc. Ne mettez aux
temps composés q. les v. de l'exercice 24.

37. Le COMPLÉMENT est un mot qui complète le sens d'une proposition commencée.
Complétez les prop. suivantes.

V. av.. cass.. — Il venai.. de — N. étions all..
à — Je voyai..— N. voul.. —V. pouv..—On doi..
— Il e. capab.. — Tu fu.. digne. — Je march..
sur. — Je porte un ... à — J'exige le ... de.

38. Le comp. qui répond à la question *qui*
ou *quoi* faite après le v., se nomme comp. direct. — Celui qui répond à une des questions
à qui, *de qui*, *pour qui*, *avec qui*, *par qui*, etc.;
ou *à quoi*, *de quoi*, etc., se nomme comp.
indirect.

Distinguez, dans les exercices 20 et suivans,
jusque 35 inclusivement, les C. D. et les C. I.

39. Le mot qui sert à former le C. I. se
nomme préposition. Ainsi la préposition est
un mot qui indique l'espèce de rapport qu'on
veut exprimer, mais laisse le sens incomplet.
Complétez le sens commencé par les prép.

N. jouons.. sans — N. restions dans — V. étiez
chass.. par — N. av.. grimp.. contre — Ils étai..
tour.. vers — Ils vienn.. pour

40. Un v. C. D. ou C. I. se met à l'inf., ou,
en d'autres termes, tout v. gouverné par un autre
v. ou par une prép., se met à l'inf.—L'inf. est
aussi employé comme suj.—Souvent la prép.
pour, ou l'un des v. *pouvoir*, *vouloir*, *devoir*, *il*
faut, est sous-entendu devant l'inf.

Ton vouloir e. d'un fou. — Aim.. e. un besoin,

haïr e. un tourment de l'âme. — Je ne sai.. point
prév.. les choses de si loin. — Je vien.. d'en essuy..
le plus sanglan.. outrage. — Moi, l'emport..! E. q.
serait-ce , si v. portiez une maison ? — Où me
cach..? — Il par.. sans m'écout..

41. Terminez par *e* muet *boire*, *croire*,
accroire, *rire*, *sourire*, *frire*, et tous les v.
qui ont le part. prés. en *isant* ou en *ivant*.
— *Epandre* et *répandre* sont les seuls v. en
andre par un *a* ; *contraindre*, *craindre*,
plaindre, les seuls en *aindre* par un *a*.

Tantale dans un fleuve a soif e. ne peu.. boi..
—Siècles futurs, v. ne pourr.. le croi.. — V. v.
en faites trop accroi.. — Je croyai.. n'av.. plus de
larm.. à rép.. — V. pouv.., di.. le satyre, repr..
votre chemin. — Aux soins de l'avenir l'esprit ne
peu.. suff.. — Souffr.. plutôt q. mour.. c'e. la
devise des homm.. — Qui ne sai.. se born.. ne su..
jam.. écr.. — Il se contrain.. pour me contr.. —
Plus d'un Spartiate ne savai.. ni li.. ni écr.. —
Heureux ceux qui aim.. à s'instr..!—Qu'av..v. à cr..?
—V. ne pouv.. att.. aux premières branches. —
Qui peu prét.. tou.. sav..? — A ta faible raison
garde-toi de te rendre : Dieu t'a fai.. pour l'aim.. e.
non pour le compr.. — Quel bras peu v. susp..,
innombrables étoiles ?

42. L'impératif étant semblable à la 1re pers.
du prés. ind., ne doit point prendre d'*s* , quand
il est terminé par *e* muet. — Cependant l'im-

pératif terminé par *e* muet prend une *s*, quand il a pour C. I. *en* ou *y*. — Mais si *en* , *y* , sont C. I. d'un autre v., ou si *en* est prép., on n'ajoute pas d'*s* à l'impératif. — *Va* suit la même règle.

Acheter. Si tu veu.. des liv.., ...-en. — ... de bonn.. plumes. — ..., en passant, des frui.. e. des fleurs. *Parler*. ... tant q. tu voudr.. — L'affaire e. termin..; ...-en si tu veu.. — ... en quelle langue il te plaira. — *Cueillir*. ... des rose; ...-en beauc.. — ..., en te promenant, quelq. fraises. — *Va* te promener.—Le jardin e. ouv..; ...-y.—S'il te fau.. des plaisirs, ... en cherch.. ailleurs. *Mettez au pl.*

43. Souvent la prép. se joint à son comp. pour former un seul mot qu'on nomme adverbe. — Ainsi l'ADVERBE est un mot qui se joint au v. ou à l'adj. comme C. I. , pour indiquer les circonstances de temps, de lieu, de quantité, etc.

Il a combatt.. *avec courage.* — Nous somm.. rest.. *en ce lieu.* — V. agiss.. *avec prudence.* —Elles sont arriv.. *en ce jour.*— On passai.. *dans un autre lieu. Substituez aux C. I. les adv. ailleurs , ici , aujourd'hui , prudemment , courageusement.*

44. Les adv. de manière se forment , 1° en ajoutant *ment* aux adj. qui se terminent par une voyelle ; 2° en ajoutant *ment* au fém. des adj. qui se terminent par une consonne ; 3°

en changeant *nt* en *mment* dans les adj. qui
se terminent en *ant* ou *ent*. *Changez en adv.
les adj. entre parenthèses.*

Tenez votre parole (inviolable), mais ne la donn..
pas (inconsidéré). — Il a parl.. très (sensé). — Na-
geon.. (gai) au clair delune. — Un mor.. s'en allai..
(triste) s'empar.. de son dern.. gîte. — Les Iou..
mang.. (glouton.) — (Mortel) atteint d'une flèche.
— Il riai.. (niais) en n. regardan.. — (Honteux)
chassé du temple de mémoire. — Ils répondi..
(fier) qu'ils ne connaissai.. q. le droi.. de conquête.
— J'atten.. (patient) — Tu men.. (impudent.) —
Il sui.. (constant) les mêm.. princip.. — V. n'a-
giss.. pas (conséquent.)

45. Un adj. devient adv. et inv. quand il
se rapp. à un v. ou à un adv., de sorte qu'on
puisse y substituer un autre adv. , ou y joindre
d'une manière. — Ainsi *cher* est adv. quand
il signifie *chèrement* ou *beaucoup.*

Ces peupliers son.. *hauts.* — M., v. parl.. trop
... — Ces dames port.. bien ... leurs prétentions.
— Les *bons* se corromp.. dans la sociét.. des méchan.. — Les ennemis tienn.. ... — Ces fl..
sentent ... — Les lon.. regrets des *courts* plaisirs.
— N. n. somm.. arrêt.. tout ... — Le *clair* flamb..
des nui.. — Les définitions doiv.. être ... — Ils ne
voyai.. pas ... — Suiv..-moi, mes *chers* amis. —
N. av. pay.. ... le plaisir d'un momen.. — Ces
étoff.. se vendai.. ... — Ton amitié m'e.. ... — Elles
v. son.. ... — ... épouse, c'est toi qu'ils appelai..

— Ces chevau.. n. on.. coût.. ... — Les momen..
son.. ... — Cette propriét.. a été vend.. bien ...ı

46. *Tout*, se rapportant à un subst. ou à un
pronom , en prend le genre et le nombre. —
Tout, devant un subst. sans article , s'accorde
avec ce subst. , mais reste au sing. ainsi que le
subst. — *Tout* , sign. *quoique très* ou *entièrement* , est adv. et inv. ; mais lorsqu'il se trouve
devant un adj. fém. qui commence par une
consonne , il en prend le genre et le nombre.
— Ecrivez *toute autre* , sign. *une autre*. —
Tout , employé sans subst. , est un subst. m. s.

Tou.. les jours je t'atten.. , tu revien.. ... les
jours. — Il m'a racont.. ... ses infortunes. — ... les
homm.. on.. la même origine. — ... les nations
semblai.. s'être réuni.. — ... rang , ... sexe, ...
âge , doi.. aspir.. au bonh.. —Jam.. on ne per..
... espérance. — En ... occasion , n. tâcherons
de v. être util.. — Tu a.. les yeu.. ... rouges. —
Ces femmes étai.. ... éplor.. , ... échevel.. — Loin
d'ici ces maxim.. de la flatterie , q. les âmes des
gran.. sort.. des mains de Dieu ... sages e. ... savan..
— ... me fai.. peine. — Il a ... di.. — ... cela
m'effrai.. — V. ne sav.. pas ... — V. aurez le ...
pour 6 franc..—... mes peines son.. perd.. — ... sa-
vantes q. son.. vos recherch.. , ... le monde n'en
conçoi.. pas l'utilit.. — J'av.. les mains ... noir..
—N. ne n. prisons pas, ... peti.. q. n. somm.., d'un
grain moins q. les éléphants. — ... les portes son..
ferm..—Ayez ... confiance en moi.—Elle e.... triste,

... ennuy.. — J'ai ... perd.. — ... autre personne
se serai.. fâch..—... autre science me plairai..—Elle
e. ... autre aujourd'h..

47. *Chaque* , *chacun* , *aucun* , *nul* , restent
au sing. ainsi que le subst. — *Nul*, de nulle
valeur, se place après le subst., et peut prendre
le pl. — *Personne*, sign. nul , est un subst.
sing. m.

Chacun de l'équit.. ne fai.. pas son flamb..— ...
de ces dames av.. une bague. — A *chaque* jour
suffi.. sa peine. — A ... instan.. on m'app.. — ...
chose a son mérite. — *Aucun* poisson ne vi.. dans
ces eau.. empoisonn..; ... oiseau ne vol.. au-dessus;
... plante ne croi.. sur le rivage. — *Nulle* paix
pour l'impie. — ... arbre, ... plante ne croi..
sur ces trist.. bor.. — Vos raisons son.. ... — M., v.
êtes ... ici. — Je ne conn.. *personne* qui soi.. plus
ent.. — ... n'e. arriv.. — Cette ... e. arriv..

48. *Quelque*, sign. un, une, du, de la, des,
prend *s* au pl. — *Quel que* s'écrit en deux mots
devant un v. au subj., et *quel* s'accorde en
genre et en nombre avec le nom qui suit le v.
Quelque , sign. *si* ou *tellement* , est adv. et inv.

N. av.. pour toi *quelq*.. tendresse. — A ... chose
malh.. e. bon, — ..., crim.. touj.. précéd.. les gran..
crimes. — ... cavaliers accompagnai.. le roi. — Ayez
... pitié du sort d'un malheu.. — On av.. fai.. ...
prisonniers. — ... soi l'étranger , il fau.. hât.. sa
mor.. — ..., fû.. ma faiblesse, il fallu.. trav.. — ...
soi.. en secret ma honte e. mes ennuis. — ... ai.. ét.

nos effor. , n. n'av.. pas réuss.. — ... euss.. été mes volont.., on dev.. les respect.. — ... travau.. q. tu entreprenn.., ... mau.. q. tu souffr.. , ne te décourage pas. — ... richesses q. tu possèd.., à ... dignit.. q. tu parvienn.., un jour il faudra tou.. quitt.. — J'ai trac.. ... mots. — ... hau... q. soi.. les montagn.. , ... profond.. 'q. soi.. les mers, ce ne son.. q. de légères inégalit.. sur la surface du globe. — ... puissan.. q. soi.. les rois, ... méchan.. q. soi.. les flatt.. , ... vicieu.. q. soi.. les homm.. , la vérit.. ne peu.. être détrui..—... personn.. on.. ét.. étouff.. — Av.. v. ... haine pour le vice, ... amour pour la vertu ? — ... faibl.. q. n. soyon. — ... fût ma force. —... peines q. j'éprouve.

49. Le PRONOM RELATIF représente un nom dans une proposition qui sert à qualifier ce nom. — Le nom ainsi qualifié se nomme l'ANTÉCÉDENT du pr. rel. , et la prop. qui le qualifie se nomme INCIDENTE , ou mieux DÉTERMINATIVE. *Disting. les pr. rel. , les ant. et les prop. incid.*

Le guerrier qui délibèr.. fai.. mal sa cour au dieu Mars. —Les homm.. que la passion condui.. s'égar.. touj.. — La canelle dont les bâtons son.. lon.. e. les morceau.. son.. peti.. , e. préfér.. des connaisseurs. — Le momen.. où je parl.. e. déjà loin de moi. — Voilà les enfau.. auxq.. on a accord.. des récompenses.

5o. Le pr. rel. s'accorde avec son antécédent en genre, en nombre et en personne.

— Ainsi le v. qui a pour suj. le pr. rel. QUI, est de même personne que l'antécédent.

Est-ce moi qui produi.. mes rich.. ornemen..? — C'e. toi qui l'a.. nomm.. — C'est toi qui m'a.. perdue. — Ce fu.. toi qui arriva le premier. — Dieu qui veng.. l'Eglise e. puni.. les tyrans, te verra-t-on touj.. accabl.. tes enfan..? — Ce n'e. pas moi qui ai tor.. *Changez le sing. en pl.*

51. Si le pr. rel. *qui* a pour ant. un mot précédé d'un article, le v. reste à la 3ᵉ pers.

Je sui.. le marchan.. qui v. fourni.. du boi.. — Et..-v. la laitière qui vien.. tou.. les jours? — Je ne suis pas la personne qui v. atten.. *Mettez au pl.*

52. La CONJONCTION lie une prop. à un autre. — les conj. simples sont *et*, *ni*, *ou*, *que*. — Les 3 1ʳᵉˢ réunissent plusieurs propositions en une seule; ex : *Dieu est bon, Dieu est juste;* en réunissant : *Dieu est bon et juste.*

Le soleil brille, la lune brille. — Le vent mugi.., la mer mugi.. — L'enfan.. e. malade, la mère e. malade. — La chèvre n'e. pas retrouv.., la brebis n'e. pas retrouv.. *Réunissez ces prop.*

53. Plusieurs suj. sans conj. ou réunis par la conj. *et*, veulent le v. et l'adj. au pl. *Ou*, entre deux suj., veut au sing. le v. et l'adj.; celui-ci s'accorde avec le dernier suj. — *Ni* suit la même règle lorsqu'un suj. exclut l'autre; mais si les deux suj. peuvent faire l'action en

même temps, le verbe et l'adj. se mettent au pl.

L'avarice, l'amour, l'ambition, la haine, tienn.., comme un forçat, notre esprit à la chaîne. — La victoire e. la nui.. plus cruel.. q. n., n. excitai.. au meurtre. — La force ou la ruse aurai.. été employ.. — Un rat ou une souris s'étai.. introdui.. dans mon armoire. — Ni Alphonse ni Auguste n'av.. été l. prem.. la semaine dern.. — Ni Julie ni Constance n'étai.. l. femm.. de cet officier. — Ni l'or ni la grand.. ne n. rend.. heureu.. — Ni mon grenier ni mon armoire ne serempli.. à babill..

54. Mais si les suj. sont de diff. personnes, quelle que soit la conj. qui les unit, l'adj. se met au pl., ainsi que le v., qui prend la personne en priorité.

Le roi, l'âne ou moi, n. mourr.. — Ni v. ni votre frère n'av.. mérit.. ce reproche. — V. et moi av.. été tromp.. — V. ou lui ser.. condamn..

55. *Que*, conj., sign. ceci, cela, et rend une seconde prop. C. D. de la première. — *Que*, pr. rel., C. D., se rapp. à un nom, et se tourne par *lequel, laquelle, lesquels.*

Ce Dieu q. tu trahi.., ce Dieu q. tu blasphèm.., pour toi, pour l'univ.., e. mor.. en ces lieu.. même. — Autour de moi j'enten.. je veu.. q. tou.. le monde soi.. heureu.. — Je croi.. q. tu te tromp.. — Je prévoi.. des malh.. q. je ne pui.. comprendre.

-- Ne voi..-tu pas à mon déguisemen.., q. je veu.. rest ..inconn.. -- V. voul.. qu'un roi meure.

56. En joignant *que* à un adv. ou à une prép., on forme la plupart des conj. composées. — Les conj. suivantes gouvernent le subj.

Je cour.. *afin qu*'on me remarq.. — Je sortirai *avant que* tu ne vienn.. — Je viendr.. *à moins qu*'il ne pleu.. — *En cas* que, *au cas que* ces dames part.., v. m'en avertirez. — Il n'est pas heur.., *bien* que, *quoique* tou.. lui réuss.. — Tu te cach.., *de peur* que, *de crainte que* le maître ne t'interrog..—Ce cor.. restera en repo.., *jusqu'à ce que* v. le mett.. en mouvem.. — *Loin qu'il* craign.. une punition, il espèr.. une récompense. — Il e.. conten.. *pourvu qu*'on le trait.. avec douceur. — Tu me tromp.. *sans que* je m'en aperç.. — Elle ri.. de tou.. ses forces *pour qu*'on f.. attention à elle. — *Soit qu*'il éprouv.. des rever.., *soit que* la fortune le combl.. de ses faveurs, il conserv.. la même égalit.. d'âme. *Changez les présens en passés.*

57. Nous avons déjà vu que le part. passé s'emploie, 1° avec le v. *être* exprimé ou sous-entendu ; 2° avec le v. *avoir*. — Joint au v. *être* exprimé ou sous-entendu, il s'accorde avec le subst.; joint au v. *avoir*, il ne s'accorde ni avec le suj. ni avec aucun C. I.

Q. de remparts détrui..! q. de villes forc..! quelles moissons de gloire en couran.. amass..! les temps son.. écoul.. —Tou.. la terre fu.. inond.. — La foudre a grond.., les éclairs on.. brill.., la terre

a trembl.. — La reine n. a parl.. — Son ombre
sanglante n. av.. appar.. — Jamais cette maison ne
n. a apparten..

58. Le part. passé joint au v. *avoir* ne s'accorde jamais qu'avec le C. D., lorsque ce C. D.
est placé devant le participe. Si le C. D. est
placé après le part., il n'y a pas d'accord. —
On appelle VERBES ACTIFS ceux qui ont un C. D.,
et VERBES NEUTRES ceux qui n'ont point de C. D.,
ou qui n'ont que des C. I.

Baptiste, qu'av..-v. fai.. de ma lettre? V. l'av..
perd.. ou jet.. au feu? Non, M.; je l'ai emport..
ce matin, e. je l'ai mi.. à la poste. — Vos reproch..
n. ont afflig.. — Je n'ai plus rien du san.. qui m'a
donn.. la vie. — Tou.. les dignit.. q. tu m'a.. demand.., je te les ai sans peine e. sur l'heure accord..
— Je n'ai trouv.. q. pleurs mêl.. d'emportemens.
— Ces citoyens, ces murs, qu'a sauv.. ton courage. — Tu n. a.. rav.. nos enfan.. — Elle aur..
comm.. un crime.

59. Le part. pass. qui ne peut se conjug.
avec *être* est inv., excepté *avoir*, qui a un C. D.

L'affectation m'a touj.. dépl.. — Je ne v. *nuis*
point, MM., e. je ne v. ai jam.. ... — Les brouill..
on.. ... aux frui.. — N. av.. gém.. de vos erreurs.
— Combien nos fron.. pour elle av.. roug.. de
fois! — Que d'ouvrag.. nouv.. ont par.. depuis
peu! — Combien de héros glorieux, magnanim..
ont véc.. trop d'un jour! — L'armée a march.. jour

et nuit. — Sa franchise m'a pl.. — Les alimen.. les
moins recherch.. m'ont touj.. suff.. — La ruse
aur.. réuss.. — Je ne *ris* plus ; mais j'ai bien ...
— La princesse a sour.. — Le sol.. *luit* aujourd.. ;
il n'a pas ... hier. — J'ai *eu* auj.. les mêm.. doul..
q. j'ai ... hier. — Quelle amit.. j'aur.. ... pour lui !
— Q. de soucis j'ai ... dans ma vie.

60. Le part. passé précédé de *en* est inv.,
quand on peut ajouter plusieurs, une quantité, un seul, ou quand un nom inv. de
quantité, outre *en*, précède aussi le participe.
— Mais si *en* n'est point partitif, le part. peut
être précédé d'un C. D, avec lequel il s'accorde.

Voici des frui.. ; j'en ai apport.., je n'en
ai pas mang.. — Il y a des écrevisses sous ces
pierr.. ; n. en aur.. rapport.., n. v. en aur..
donn.. si n. en av.. pri.. — Il fallait de la douceur ;
mais v. en av. trop montr.. — Tu as fai.. beauc..
de promess.. ; tu en as peu rempl.. — V. av..
trouv.. des pêch.. ; comb.. en av..-v. cueill.. ? —
Où sont mes livr.. ? En av..-v. perd.. ? V. en av..
prêt.. ? Comb.. en av..-v. donn..? — Vos amis
allai.. faire une folie : je les en ai détourn.. — Il
s'e.. comm.. de gran.. crimes, **MM.** ; je ne v. en
ai pas soupçonn.. — N. étions assiég.. d'importuns ;
n. en av.. déliv.. la maison.

61. Si le C. D. est *le peu de* suiv. d'un
nom, le part. ne s'accorde avec le nom que

quand on peut retrancher le *peu de* sans donner à la phrase un sens opposé.

Le peu d'amis q. j'ai rassembl.. n'av.. ni armes ni provisions. — J'attrib.. votre disgrâce au peu de prudence q. v. av. montr.. — Le peu de certitude q. j'ai trouv.. dans vos promess.., le peu de délicatesse q. j'ai remarq.. dans votre conduite, m'ont engag.. à cherch.. un autre appui. — Je veu.. partag.. avec v. le peu de biens q. j'ai amass.. — N. av.. perd.. le peu de semence q. n. av.. recueill.. --Q. de choses renferm.. dans le peu de parol. qu'il a prononc..! --Le peu d'amit.. qu'il m'a témoig.. m'a éloig.. de lui.

62. *Coûter, être donné pour,* et *valoir, avoir de la valeur,* ont leur part. inv. — Mais *coûter,* mis pour *causer, occasionner,* et *valoir* pour *procurer,* ont un C. D. avec lequel le part. s'accorde quand il en est précédé.

Les 300 fr. q. tes livr.. t'on.. coûté on.. été bien employ.. — Vos livr.. ne v. on.. pas coût. 300 fr., ils ne les on.. jam.. val.. — Je ne pui.. me rappel.. quel.. somme ils m'ont coût..; mais les avantages qu'ils m'on.. val.. sont incalculab.. — Tel volume v. aur.. par.. ne pas valoir les 6 fr. qu'il m'a coût.., qui m'a val.. bien des connaissances nouvell.., et m'a épargn.. les peines q. m'aurai.. coût.. de long.. recherch.. --Q. de recherch.. inutil.. m'a coût.. cette affaire! — Ne v. montr.. pas indigne de la réputation q. v. a val.. une belle action. — Ce cheval vau.. encore les 600 fr. qu'il a val..

63. Dans le VERBE RÉFLÉCHI, qui exprime l'action d'un suj. sur lui-même, et dans le VERBE RÉCIPROQUE, qui exprime l'action mutuelle de plusieurs suj., le v. *être* est mis pour le v. *avoir*; ainsi le part. de ces v. ne s'accorde qu'avec le C. D. quand il en est précédé.

Les ennem.. ne se son.. pas oppos.. au débarquement. — Ma fille s'e.. procur.. des connaiss.. util.. — Les amis q. tu t'e.. fai.., se serai.. sacrif.. pour toi, si tu t'étai.. trouv.. en péril. — N. n. somm.. fai.. des promess.., n. n. somm.. jur.. une étern.. amitié. — Q. d. mau.. cette femme s'e. attir..! — Le peu d. livr.. q. n. n. somm.. procur.. étai. mauv.. — N. n'avions point de souliers; n. n. en omm.. fai.. avec des écorces d'arbr..

64. Ainsi les v. réfl. ou récip. qui n'ont point de C. D. ont leur part. inv.

Les événem.. se son.. succéd.. rapidement. — Ces plantes ne se son.. jam. pl.. sous un climat humide. — Elle s'e.., en quelque sorte, survéc.. à elle-même. — Croyez-v. q. jamais les ambitieux se soi.. suff.. à eux-mêm..? M^{rs}, v. v. *nuisez;* v. v. êt.. déjà ... par excès de précaution. — Elles se son.. ri de vos menaces. — Ils se sont dépl..

65. Le VERBE PRONOMINAL a la forme d'un v. réfl., quoiqu'il exprime une action q. le suj. ne peut faire sur lui-même. Le VERBE ESSENTIELLEMENT RÉFLÉCHI est celui qui ne peut se conj. que comme réfl. — D'autres changent

de signif. en devenant réfl., comme *se douter*, *se passer*, *se prévaloir*. — Dans ces trois sortes de v., le part. passé s'accorde touj. avec le suj. En effet, *la provision s'est consommée*, signif. *a été consommée; elle s'est efforcée*, signif. elle s'est MISE en effort. — Excepté *s'arroger*, qui a pour C. D. le nom de la chose.

Cependant la nouv.. s'ét.. répand..—Voilà comme la chose s'e.. fait.. — De gran.. changem.. se serai.. opér.. — Ces beaux secrets se son.. perd.. — Les espérances se serai.. éloign.. — Je doute q. l'affaire se soi.. concl.. — Ta fortune s'e.. dissip.. — N. n. somm.. efforc.. de v. être util.. — Les ennem.. se serai.. empar.. des meill.. positions. — Ma fille, t'e..-tu repent.. de ta faute ? t'en e..-tu souv..? — Ils se son.. peu souc.. de notre approbat.. — Ne se sont-elles pas empress.. de v. aid..? — Pourq.. se serai..-elle fi.. à v..? — N. n. somm.. méfi.. avec raison de vos moyens. — Si cette femme s'étai.. dout.. de vos sentim.., elle s'en serai.. préval.. — N. n. somm.. absten.. de vin.—Pourq.. n. serions-n. pass.. de fruits..? — Elle s'e.. moq. .de v. ; n. n. y étions attend.. — Les droi.. q. tu t'e.. arrog.. te seront contest.. — MM., v. v. êt.. arrog.. une autorit.. q. v. n. pouv.. exerc..

66. *Plus, moins, autant de,* suivis de *en*, veulent le part. inv. — *Plus de fraises q. tu ne m'en as donné*, c'est-à-dire QUE CE QUE *tu m'en as donné :* C. D. ce que, m. s.

N. av.. plus d'amis q. v. n'en av.. trouv.. —

Voici autan.. de livr.. q. n. en av.. demand.. —
V. n. donn.. bien moins de bière q. v. n. en av..
promi.. — N. n. somm.. fai.. plus de mau.. q. v.
n'en av.. éprouv.. — Je te donne plus d'affaires q.
tu ne t'en serai.. procur..

67. Un v. est IMPERSONNEL , quand le pr.
IL ne peut être remplacé par aucun nom , et
qu'il signifie CECI , CELA , UNE CHOSE. — Le
v. imp. reste touj. à la 3° pers. du sing., et il
a son part. inv. — *Il faut*, touj. imp., signifie
il manque, *il est nécessaire. Il y a*, imp. , sign.
il est.

Il arriverai.. plus de changem.. qu'il n'en e. arriv.. , il se serai.. opér.. de plus gran.. résult.. , si
ce prince étai.. mor.. — Il s'e. répand.., e. il se
répan..encore sur votre compte,des brui..qu'ilserai..
bon de faire cess.. — Il n. aur.. par.. inutile de n.
mettr.. en route, s'il ne s'étai.. présent.. des oc-
casions favorab.. ; il y aurai.. des raisons pour e.
contre. — Tu cherchais plus de livr.. qu'il n'y en
av.. jam.. eu chez moi. — Quoiqu'il se soi.. élev..
des difficult.., il n'e. pas impossible de les surmont..

68. Le pr. *le*, *la* , *les* , s'accorde en genre et
en nombre avec le subst. auquel il se rapporte.

Tou.. les dignit.. q. tu m'a demand.., je te l..
ai sans peine et sur l'heure accord.. — E.-tu Adèle ?
Oui, je l.. sui.. — On a entend.. les accus.., et on
... a renvoy.. absou.. — Voici ma sœur ; v. l.. connaiss.. ; v. l'av.. long-temps fréquent..

69. *Le* est inv. quand il se rapp. à un adj., à un part., à un inf., à une phrase, à un nom commun sans article. — Mais si ce pr. se rapp. à un adj. précédé d'un art., il en prend le genre et le nombre.

Mlles, êtes-vous sœurs? Non, n. ne l. sòmm.. pas. Elle n'e. pas *mariée*, e. elle ne le sera jam.. — Etes-v. la ...? Oui, je la sui.. — MM., êt..-v. ...? Non, n. ne l.. somm.. pas. — J'étais la maîtresse, e. je ne l.. sui.. plus. — Il fau.. secour.. son prochain quand on l..peu.. — N. allons partir ; v. l.. sav..

70. Le part. passé est inv., quand il a pour C. D. un *le* inv. — *Le* est inv. lorsque la phrase mise au pl. ne change pas *le* en *les*.

Cet homme n'e. pas aussi savan.. q. je l.. aurai.. pens..—Cette maison e. peu de chose; je l.. av.. cr.. plus considérable. — La chose e. plus important.. q. v. né l.. av.. suppos.. — J'ai v. votre sœur : je l.. ai trouv.. dispos.. à partir. — L'ennemi n'e. pas aussi éloign.. q. v. n. l.. av.. di..—Q. di.. cette dame? Je l.. av.. suppos.. plus raisonnable. *Changez le sing. en pl.*

71. Il ne faut pas regarder comme C. D. l'adj. ou le nom commun sans article qui quelquefois précède le v. —L'adj. ne peut, par lui-même, être ni suj. ni comp.

Qq. pauv.. q. n. ayons véc.. n. av.. été plus heur.. q. les rois. — Spirituelle comme v. l'av..

paru , madame, comment pouv..-v. , etc. — Qq. bell.. q. ces campagn.. m'ai.. sembl.. , je préfère ma patrie. — Tou.. obscure q. v. av.. trouv.. ma naissance , je me croi.. votre égal.

72. Un participe , précédé d'un ou de plu-sieurs **C. D.** , peut être suivi d'un inf. , d'un adj. , d'un autre part. , ou de la conj. *que* — Dans tous ces cas, si l'on ne peut mettre aucun **C. D.** entre ce part. et le mot suivant , ou si l'on n'y peut mettre que le mot *quelqu'un*, **C. D.** sous-entendu , il est inv.— Mais si entre le part. et le mot suiv. on peut placer un **C. D.** précédent , le part. et l'adj. s'accordent avec ce **C. D.** — Le part. *fait* devant un inf. est inv.

PARTICIPES INV.	ON NE PEUT DIRE.
Les vices *que* j'ai voulu fuir.	J'ai voulu *les vices* fuir.
Les amis *que* v. auriez dû suivre , et *q.* v. av. jugé utile de quitter.	V. aur. dû les *amis* suivre , v. av. jugé les *amis* utile de q.
La besogne *qu'il* a cru que je ferais.	Il a cru la *besogne* q. je ferais.
La pièce *q.* j'ai vu jouer.	J'ai vu *la pièce* jouer; mais on peut dire : j'ai vu *quelqu'un* jouer la pièce.

ACCORD DU PART.	ON PEUT DIRE :
Je *les* ai laissés passer.	J'ai laissé *eux* passer.
La besogne qu'on *n.* a forcés de terminer.	On a forcés *n.* de ter-miner la besogne.
La besogne *qu'*on n. a donnée à faire.	On n. a donné *la be-sogne* à faire.

ACCORD DU PART.	ON PEUT DIRE :
Les fruits *q.* j'ai trouvés mûrs.	J'ai trouvé *les fruits* mûrs.
La leçon *q.* j'ai trouvée facile à étudier.	J'ai trouvé *la leçon* facile à étudier.
Je veux v. parler de l'affaire qu'on *n.* a informés q. v. avez terminée.	`On a informé *nous* q. v. aviez terminé l'affaire.

73. Quand le 1ᵉʳ part. prend l'accord, l'adj. ou le part. suivant le prend aussi. Tout part. devant lequel on peut sous-entendre *étant*, *qui est*, *qui sont*, s'accorde avec son subst.

Les affaires q. n. av. eu.. à termin.. ici, n. on.. empêch.. de partir. — Ces beaux rosiers q. j'ai cr.. q. ma sœur av.. plant.., elle les a laiss.. séch.. — Je l'ai v.. mour.. à la fl.. de l'âge, cette épouse chéri..; les secours de l'ar.. se son.. trouv.. insuff.. — N. n'av.. pas ajout.. foi aux nouv.. q. n. av.. entend.. racont..; n. les av. suppos.. invent.. par quelque personne intéress.. à les accrédit.. — Cette princesse n'a pas obt.. les honn.. qu'elle s'étai.. flatt.. qu'on lui accorderai.. — Quan.. v. occuperez-v. de cette entreprise, q. v. av.. jug. si facile à exécut..? — Où sont mes papiers? tu les as laiss.. emport.. — Les enfan.. on.. trav.. toute la matinée; je les ai laiss.. jou.. l'après-midi. — Ces demoiselles se son.. plain.. qu'on les a contrar..; point du tout: on les a laiss.. rire e. pleur.. tant qu'ell..

on.. voul.. — Les domestiq.. m'av.. par.. être si. occup.., q. je ne les ai pas laiss.. interrompre leur trav.. — Si tu n. av. entend.. chant.., tu n'aur.. pas tard.. à n. joind.. — Les arbr.. q. v. av. laiss.. abattre, n. aur.. donn.. un magnifique couver.. — Les habillem.. q. tu as fai.. faire pour ta fille, qq. rich.. q. n. les ayons trouv.., n. n. on.. pas par.. coût.. beauc.. trop cher. — Les trav.. que nos maîtr.. on. cr.. nécess.. de n. impos.., étai.. beauc. trop rudes. — Mesdames, j'ai pri.. tou.. les informations q. je v. av.. avert.. q. je prendr.. — Les frui.. q. j'ai v.. cueill.. n'étai.. pas mûrs. — Les femm.. q. j'ai v.. cueill.. des fraises, les on.. vend.. cher. — Les enfan.. qu'on n. a charg.. d'instr.. ont fai.. des progr.. : v. les av.. fai.. écr.., e. v. les av.. entend.. lire.

74. L'inf. qui doit suivre le part. est quelquefois sous-entendu : dans ce cas, on suit la même règle que s'il était exprimé.

Il a montr.. tou.. la fermet.. qu'il a fall.. — Elles ont fai.. tou.. les folies qu'elles ont voul.. — Chacun a fai.. les effor.. qu'il a pu. — V. n'av.. pas déploy.. l'énergie q. v. aur.. du.

75. Le nom qui suit *de* après un nom de quantité, reste au s. quand il exprime des choses qui ne se comptent point, ou une partie d'une chose : il se met au pl. quand il exprime des choses qui se comptent. — Si le nom qui suit *de* exprime seulement la qualité, l'espèce,

la matière, il reste au s. — Mais s'il réveille
nécessairement l'idée du pl., mettez-le au pl.

On mange beauc.. de légum.. e. peu de viand..
dans ce pays. — Peu de gen.., q. le ciel chéri.. e.
gratifi.. — Une foule de caross.. n. av.. empêch..
de pass.. — Q. de rempar.. détrui..! q. de vill..
forcé..! —Elle a tant vers.. de pleurs, tant pouss..
de soupir.. — V. av.. trop d'ennem.. — Jamais
elle n'av.. montr.. tant de courag.. — On ne dor..
point, dit-il, quand on a tan.. d'espri.. — N. av..
plus de paress.. dans l'espr.. q. dans le cor.. — N.
vîmes s'élev.. un nuage de pouss.. — Comb. de
ban.. de sabl.. se son.. form..!—Un ta.. de pierr..,
un monceau de sabl.. — Il n'y a pas ass.. de sucre
dans cette confiture. — J'ai achet.. 3 mains de
pap.., 4 paq.. de plum.., 2 bouteill.. d'encr.. —
N. eûm.. une friture de perch.. e. de gouj.. — La
ville e. rempl.. de sold..—N. av.. achet.. des peaux
de chèvr.., de mout.., de cast.. — L'huile d'oliv..
q. n. av.. achet., e. excell.. — Ces demois.. ont
fai.. de la gelée de groseill.., de la marmelade d'a-
brico.. — Je dors mal sur les li.. de plum.. — N.
n. ét.. adress.. à une marchan.. d'herb.. — J'ai
donn.. une poign.. d'herb.. à ton peti.. agn.. —
Il vien.. une quantit.. de maîtr.. dans les pensions
de demoisell.. — Un homme de lettr.. — Les gen..
de rob.., les gen.. d'ép..

76. Le nom partitif suj., C. D. ou C. d'une
prép., prend l'art. composé *du*, *de la*, *des*:
mais, précédé d'un adj., il prend seulement la
prép. *de* pour les deux genres et les deux

nombres. — Le partitif C. I. de la prép. *de*, précédé ou non d'un adj., ne prend que la prép. *de*.

Dieu ne créa q. pour les so.., les méchan.. diseur.. d. bons mo.. Le pays d. Corinthiens e. resserr.. entre d. born.. for.. étroi.. —**D,** rempar.. très-for.. e. très-élev.. protég.. la ville. — On n. a attir.. sous d. frivol.. prétext.. — **A** d. moindr.. fureurs je n'ai pas dû m'attend.. — Qu'il'(le style) soit plein.d. douceur quan.. d. peti.. ruiss.. traîn.. languisamm.. leurs gémissan.. eaux.—**D.** fontaines coulan.. avec un dou.. murmure sur d. prés semés d. amarant.. e. d. violett.., formai.. en diver.. lieux d. bains aussi purs e. aussi clairs q. le cristal. D'autr.. par d. lon.. détours revenai.. sur leurs pa..

77. Sont inv., 1° les noms propres; 2° les noms tirés de langues étrangères; 3° les adv., les prép., les conj. prises substantivement; 4° les mots pris matériellement. — Les noms propres pris comme noms communs, de façon qu'on puisse ajouter *des hommes tels que*, prennent le pl.

Il e. beau de voir le gran.. *Corneille* faire vers.. des larm.. au gran.. Condé. — L'aîné des ... — Les ... son.. rares. — Av..-v. lu *Racine?* J'ai lu les deux ... — Tou.. les siècl.. ne voi.. pas naître des ... — *Sénèque* le philosophe fu.. le précept.. de Néron. — Il y a eu deux ... : ... le philosophe e. ... le tragique. — Ces ... de 18 ans me déplais.. — A quoi on.. serv.. vos si, vos quoi, vos comment ? — Il a récit.. un *pater*, un *credo*, un *ave maria*. Comb. de ... ... av.-v. récit.. ? — *Monsieur*, q. voul..-v. ? — J'ai comp. 12 ... dans votre lettre d'une page. — Voul..-v. joi.. un *duo*, un *trio*, un *quatuor* ?—Voici les ... ... q. j'ai donn.. à cop..

78. Les noms composés renferment le nom même de la chose, qui prend la marque du pl., et la partie déterminative. — Quand cette dernière est un adj., elle s'accorde avec le nom en genre et en nombre. — Quand la partie déterminative est un C. I. ou un adv., le nom qui y entre est invariablement au s. ou au pl., selon que le sens l'exige.

Voilà l'avant-coureur. — J'ét.. dans l'arrière-boutique. — J'ai trouv.. un chat-huant, une chauve-souris, un oiseau-mouche. — Tu per.. tou.. l'après-dinée. — Le ver-à-soie vi.. peu de temps. — N. av.. le chou-fleur, le chou-arbre, le chou-navet. — Je voi.. un arc-en-ciel. — Il e. sous-lieutenan.. — Ce garde national e. sans arm.. —Donn..-moi mon bonnet-de-nuit e. ma robe-de-chambre. — Voilà la pomme-de-terre q. j'ai arrach.. — Monsieur, êtes-v. maître ès-arts, bachelier ès-lettr.., docteur ès-sciences ? — Je conn.. cet homme de lettr.. — Je n'ai pas trouv.. votre homme d'affair.. — C'est un chef-d'œuvr.. — Nommez-moi le chef-lieu.

79. Dans certains noms composés, le nom même de la chose est sous-entendu; alors toutes

les parties restent inv. au nombre que le sens exige. *Tête-à-tête*, sign. ENTRETIEN, tête-à-tête.

V. av.. interromp.. notre tête-à-tête. — Le beau coq-à-l'âne q. tu a.. fai.. ! — J'ai perd.. mon porte-aiguilles. — Chass...moi ce va-nu-pieds. — Voilà le rendez-vous manqué. — C'est un on-dit, un peut-être. — V. êtes un peti.. pince-sans-rire. — Il a donn.. au cha.., le sot l'y laisse de la poularde. — C'est ici mon pied-à-terre. — Appelle ce gagne-petit. — Tu e. un vrai gobe-mouches.

Changez, dans ces deux exercices, le sing. en pl., et indiquez, dans le dernier, les noms sous-entendus.

80. Recommencez successivement les exercices 20, 21, 23, 25, 26, au prét. indéf. ou à tout autre temps composé, sing. et pl. — Cet exercice est important.

RÉCAPITULATION GÉNÉRALE.

81. On ne saurai.. tro.. le redir..: ce qui se dépense chaq.. ann.. à Paris dans les jeu.., à la loterie, dans les cabar.., e. effrayan..; on l'évalu.. à plus de 40* millions. — Absen.., je le consult.., e. ses réponses sag.., pour venir jusqu'à moi, trouv.. 1000 passag.. — N. partîm.. 500; mais par un prom.. renfort, n. n. vîm.. 3000 en arriv.. au port. — Ces idées on.. ét.. approuv.. sans être adopt.. — Les chemin.. y son.. bord.. d. laur.., d. grenad.., d. jasm.. e. d'autr.. arbr.. touj.. ver.. e. touj.. fleur.. — L'univ.. m'embarrass.., e. je ne pui.. song.. q. c.. horlog.. exist.., e. n'ai.. poin.. d'horloger. — Les Thébains on.. détrui.. Thespies e. Platée pour s'être sépar.. de la ligue béotienne, don.. ils règl.. à présen.. tou.. les opérat.., e. qui peu.. mettre plus de 20,000 homm.. sur pied. — C. puissance e. d'autant plus redoutable, q. les Béotiens en général son.. brav.., aguerr.., e. fiers d. victoires qu'ils on.. remport.. sous Epaminondas. — Non, plutôt q. je liv.. aux flamm.., au carnage, ces murs, ces citoy.. qu'*a* sauv.. mon courage. — Tu m'... trop bien appr.. ... trembl.. pour un père. — Ils son.. prê.. ... tou.. faire; tou.. leur san.. e. ... v. — Ces fier.. patricien.. son..-ils autan.. de Dieu.., jugean.. tou.. les mortels, e. ne craignan.. rien d'eu..? — Des biens q. m'... rav.. la colère céleste, ma

---

* Ecrivez en lettres tous les noms de nombre.

gloire, mon honn.. e. le seul qui me reste. —
Va, fai.. tou.. prépar.. pour *ces* momen.. heureu..
— Corasmin, q. veu.. donc cet esclave infid..?
Il soupirai.. ; ... yeu.. se son.. tourn.. vers elle;
les a..-tu remarq..? — Moi! q. je puisse aim..
comme l'on ... haïr? — ... v., digne Françai.., à
qui je vien.. parl..; le soudan le perm.., cess..
de v. troubl.. — Une pauvret.. noble e. tou.. *ce*
qui me reste. — J'honor.. ta vertu : mais cette
humeur altière, ... faisan.. estim.., commence à
me dépl.. — La tempête av.. dur.. tou.. la journ .
avec la plus grande violence. — Dans une étend..
de quelq.. lieu.., la vallée ne parai.. form..
qu'un vaste jardin d'orang.. — Ce peti.. animal
e. *vif* e. alerte. — Les habitan.. n. on. sembl..
avoir l'humeur ... e. enjouée. — Jeanne d'Arc fu..
brûl.. ... — Elle a épous.. un *veuf.* — Entre la
... d'une année e. la ... d'une journ.., la diffé-
rence e. grande. — Il ne fau.. pas q. v. noy.. vos
pensées dans un déluge de parol.. inut.. — Dans
le monde il n'e. rien de beau q. l'équit.. — N.
av.. examin.. tou.. ces curiosit.. naturel.. — La
poésie, tou.. sublime qu'elle e., ne saurai.. ex-
prim.. les impressions q. n. av.. reç.. — *Quelq..*
marchan.. se son.. ruin.. — ... ai.. ét.. vos fautes,
on les a oubl.. — V. me cach.. ... chose. — ...
grand.. q. soi.. vos exploi.., dans ... ann.. ils ne
seron.. plus conn.. q. dans l'histoire. — Pour
sauv.. son crédi.., il faut cach.. sa perte; celle
q.. par malh.. nos gen.. avai.. souffer.., ne pu.. se
répar..—E. quel spectacle e. préférable au spectacle
touchan.. des heureu.. qu'on a fai..? — Mais q.
vos yeu.. sur moi se son.. bien exerc..! qu'ils

m'on.. vend.. bien cher les pleurs qu'ils on..
.vers.. ! — Pierre-le-Gran.. *a* forc.. la nature en
tou.., e. les ar.. qu'il ... transplant.. on rend..
témoignage ... son génie, e. éternis.. sa gloire.
— *Tout* me fai.. peine. — ... tan.. q. n. somm..,
n. n. laiss.. tent.. à l'approche des biens. — Elle
a les main.. ... noir.., les yeu.. ... roug.., la peau
... jaune, les chev.. ... gri.. — ... citoy.. doi..
serv.. son pays. — ... étai.. ador.. dans le siècle
payen ; par un exc.. contraire, on n'ador.. plus
rien. — Ces hardes, ... us.. qu'elles étai.., pouv..
encore serv.. ; pourquoi les av..-v. ... brûl..? —
... grande afflic.. s'adouci.. avec le temps. — ...
autre personne aurai.. parl.. de la même manière.
— Une ... autre famille. — Ce son.. ... sorte de
gen.. — Ismène e. auprès d'elle, Ismène ... en
pleurs. — Le feu don.. la flamme en ond.. se dé-
ploi.., fai.. de notre quartier une seconde Troie.
— Sur qui, dan.. son malh.., voul..-v. qu'il s'appui..? Ses larmes n'auron.. plus de main qui
les essui.. — La voi.. de l'univ.. à ce Dieu me
rappel.. ; la terre le publi.. — Les dieu.. on..
prononc.. — Quelq..-uns des conviv.. se retirèr..
de bonne heure ; Dion les suivi.. de près. — N.
av.. ét.. frapp.. de son maintien e. de ses disc..
— Comb.. de foi.. j'ai fai.. naufrage, e. comb..
de foi j'ai vers..! — Le peu de ver.. q. j'ai trouv..
grav.. sur cette tombe, m'on.. donn.. une haute
idée du poète qui les a compos.. — Croy..-v. q.
parm.. ces guerr.., on en eû.. trouv.. qui euss..
balanc.. un momen.. entre le dang.. de perdr..
l'honn.., e. celui de perdr.. la vie ? — Où voul..

vous qu'on all..? Quel.. route aurai..-tu voul.. qu'on
suiv..? étai..il possib.. qu'on rest.. dans la plaine,
où n. n. trouver.. entièrement découv..? — Q.
de découvertes on a fai.. dans tou.. les sciences!
q. d'erreurs on a reconn..! — Hélas! qu'e. deven.. ce temps, cet heureu.. temps, où les roi..
s'honorai.. du nom de fainéan..! — Q. son.. deven.. tou.. vos promess.., tan.. de fois réitér..?
— N. av.. cherch.. à sav.. de quel côté s'étai..
retir.. les troup.. batt.. ; n. n'en av.. rien appr..
— Les 369 f. q. je v. ai donn.. en main propre
l'an 1850, et les 700 f. q. je v. ai envoy.. en
1851, n'av.. pas été compt..

Prés. ind., prét. déf., part. passé.

Ces mo.. interromp.., ces cris demi-form..
ne son.. point entend.. — Elle e. *part*.. à 5 h.. et
dem.. du matin. — J'attendai.. q. le régim.. ...—Ce
régim.. ... la semaine dernière. — J'aurais *voul*..
q. tu sort.. — Loin qu'il ... n. suiv.., il fi.. ses
effor.. pour s'échapp.. — Il ... parl.. ; mais la
voi.. expir.. sur ses lèvr.. — Charles VII fu..
surnomm.. le victorieu.. parce qu'il reconq..
presque tou.. son royaume sur les Angl.. — Je
pr.. Emilie dans mes bra.. pour la transport..
hors de la nacelle. — Bien qu'elle soi.. très-légère,
elle me par.. d'une pesant.. extr.. ; je chancel..
presq.. sous ce précieu.. fardeau, e. faill.. tomb..
avec elle. Emilie qui s'en aperç.., dissimul.. son
trouble, et s'efforç.. de sourire. — Je chante ce
héros qui *régna* sur la France, e. par droi.. de

conquête et par droi.. de naissance. — O fana-
tisme, monstre couver.. de san.., qui .... si
long-temps sur la terre, tes autels sont-ils renvers..
pour touj..? — Il aurai.. fall.. q. la justice ....
dans vos actions, comme elle règne dans vos disc..
— Voilà les poissons *pri..;* les voilà mi.. aux pieds
de la bergère. — Il me .,. par le bras, e. me
mi.. à la porte. — Ce ne fu.. pas toi qui .,. tan..
d'ois.. — Tou.. les choses qu'il a *voul..,* il les a
... fortement. — Ce fu.. moi qui ... quitt.. les
bor.. de la mer. — Il n'e. pas étonnan.. q. tu
n'ai.. pas montr.. tou.. la fermeté qu'il aurai.. *fall..*
— Quan.. il ... pay.., personne ne se présent..
— De quoi *ri..-*tu? Moi, je ne ... point; e.
de quoi voulez-v. q. je ...? Je n'ai jam.. ... de
pareil.. sottises.

Pronoms relatifs.

C'e. Dieu ... n. fai.. vivre, c'e. Dieu ...'il fau..
aim.. — Du Dieu ... 'n. créa, la clémence infinie,
pour adouc.. les mau.. de cette courte vie, a plac..
parmi n. 2 êtr.. bienfaisan.. — Le moment ... je
parl.. e. déjà loin de moi. — Le couv.. e. desserv..
par 50 ermit.., ... je reçu.. l'hospitalit.. la pl..
touchan.. — Les personn.. ... n. av.. voyag..
se son.. inform.. de votre sant.. — Les malheur...
...n. av.. donn.. quelq.. secours se son.. montr..
très-reconnaiss.. — J'ai perd.. la plume ... j'ai
écr.. ce matin. — Ces enfan.., ... v. av.. trav..,
ne se son.. pas rend.. dign.. des peines ... v. v.
êtes donn.. pour eux. — Quel.. son.. les routes ...
on arriv.. le pl.. promptement? — N. av.. crai.

qu'il ne se détach.. quelq.. pierr.. de la vôute ...
n. passions. — Les personn.. ... v. av.. parl.. de n.
s'étai.. imagin.. q. v. les craign.. — Les anim..
... n. av.. élev.. ce jeune cha.. son.. aussi appri-
vois.. q. lui. — Q. v. reste-t-il dans ces momen..
suprêm..? Un sépulcre funèb.. ... vos noms , ...
v. mêm.., dans l'éternel oubli ser.. ensevel.. —
L'entreprise ... je songe, e. ... j'entrev.. la pos-
sibilit.., exige un courage ... v. n'aur.. jam.. —
Recev.. la récompense ... v. êt.. digne. — Voilà la
preuve d'amit.. ... je sui.. le pl.. sensib.. — Il y a
quelq.. circonstances ... je ne me sui.. pas rappel..
— Les loi.. sous la protection ... n. viv.., assur..
notre tranquillit.. — Suiv.. la profess.. ... v. av..
le pl.. de goû.. — Les héros à la valeur ... n. dev..
nos succès , en son.. déjà récomp.. par la gloire
immort.. qu'ils on.. acqui.. — Les id.. ... v. v.
êt.. familiaris.. v. on.. peu à peu condui.. au crime
... v. all.. recev.. le juste châtim..

Le poète Delille adres.. ces beau.. ver.. à sa chatte :
C'e. là q. tu vivrai.., ô toi don.. Lafontaine eu..
vant.. les attrai.., ô ma chère Raton , qui, rare en
ton espèce , eu.. la grâce du cha.. e. du chien la
tendresse ; qui, fière avec douceur, e. fine avec
bonté , ignora.. l'égoïsme , à ta race imputé. Là ,
je voudrais te voir, telle q. je t'ai vu.., de ta
molle fourrure élégamm.. vêt.., affectan.. l'air dis-
trai ., jouan.. l'air endorm.., épier une mouche,
ou le ra.. ennemi, si funeste aux auteurs , don..
la den.. téméraire ronge indifféremm.. Du Bartas
e. Voltaire, ou telle q. tu vien.., minaudan.. avec
ar.., de mon sobre dîner sollicit.. ta par.. ; ou

bien, le do.. en voûte e. la queue ondoyan.., offrir ta douce hermine à ma main caressan.., ou dérang.. gaîmen.. , par 1000 bon.. diver.., e. la plume e. la main qui t'adress.. ces ver..

Notre ennem.. e. moins redoutab.. q. v. ne l'av.. di.. — La victoire n'e. pas aussi complète qu'on l'a annonc.. — La rivière e. beauc.. pl.. profon.. q. n. ne l'av.. cr.. — Notre victoire e. bien moins importante q. tu ne l'av.. suppos.. — Ce jeu n'e. pas aussi difficile q. je me l'ét.. imagin.. — La nui.. e. encore plus obsc.. q. v. ne me l'av.. di.. — J'ai fai.. connaiss.. avec madame votre tante, je ne l'aur.. jam.. cr.. aussi spirit.. ; je v. assur.. q. je l'ai trouv.. fort aimab.. : sa fille e. pl.. instrui.. q. je ne l'av.. pens.. — L'opérat.. q. tu t'e. propos.. de termin.. m'a par.. être pl.. diff.. q. tu ne te l'étai.. persuad.. — J'ai commenc.. à expliq.. cet auteur ; je l'ai trouv.. facile à compr.. — Votre nièce est touj.. telle q. je l'ai conn.. ; elle n'a pas chang.. *Changez le sing. en pl. depuis l'alinéa.*

Il s'e. élev.. des murmur.. violen.. à cette proposition. — Le peu d'expérience que j'ai acqui.. dans l'art de la parole, m'a donn.. lieu d'être utile à quelq.. citoy.. — Ces terrib.. instan.. ont épuis.. le peu de forces que j'av.. conserv.. ; et si je n'av.. lutt.. contre moi-même avec tou.. l'énergie q. m'a donn.. la nature, je serai.. deven.. insens.., ou je me serai.. déchir.. le sein. — Voyez ces plant.. sauvag.. q. j'ai laiss.. croître ; leurs fl.. épanou.., de form.. e. de couleurs si vari.., on.. sans doute produi.. un plus bel effet q. des tas de pierr.. — Le nombre des habitan.. d'Agrigente ne s'élèv.. aujourd.. qu'à 20,000 : dans les anciens temps, il doi.. av.. été de 800,000. Tel e. le degré de décadence où elle se trouv.. descend.. — On voyai.., dans le même temple, un fameu.. tab.. de Zeuxis, représentan.. Hercule au berceau, e. 2 serpen.. périssan.. entre ses bra.. Le peintre, jugean.. lui-même cet ouvrage inestimab.., ne voulu.. point le vendre, mais le donn.. à la ville d'Agrigente, e. exig.. qu'on le plac.. dans le temple d'Hercule. Ces chefs-d'œuvre de l'ar.. on.. ét.. perd.. — Nos tyrans soupçonneu.. seron.. bientôt veng..; nos citoy.. tremblan.., avec n. égorg.., von.. pay.. de vos soins les effor.. inutil.. — Mais au moins je voudr.. qu'elle conn.. son roi : q. son cœur entrev.., du sein de la bassesse, de qui son imprudence ou-trag.. la tendresse ; qu'à l'asp.. des grandeurs qu'elle eû.. pu partag.., son désesp.. secret serv.. à me veng..—Quoiq.. les personn.. pl..éclair.. ai.. un sou-verain mépris pour les grossier.. superstitions du peuple, ell.. ne fon.. auc.. difficult.. de se conform.. à tou.. ce q. demand.. les usag.. reçu.. — Ce soin de ne poin.. caus., de scandale aux espr.. faib.. n. a donn.. une opinion avantag.. de leur cœur e. de leur espr.. — Quelq.. effray.. q. fu.. les descript.. qu'on n. av.. fai., du ven.. nomm.. sirocco, quan.. je l'eu., éprouv., dans tou.. sa force, il surpass.. de beauc.. notre attente. Quelq.. temps avant qu'il souffl.., n. av.. pr.. un nouv.. appartement voisin du rivage. — Le soleil, étonn.. de tant d'effets diver.., eu.. peur de se voir inut.., e. qu'un autre q. lui n'éclair.. l'univ.. — M'étan.. aperç.. de ce

tendre intérêt q. v. pren.. à moi , j'ai appréhend.·
qu'il n'all.. trop loin. — Approch.., puissan.. roi,
gran.. monarque de l'Inde : on parl.. ici de toi.
— Partout, en même temps, la trompette a sonn..
— Plusieurs prisonn.. se son.. évad.. ; les solda..
qu'on a envoy.. à leur poursuite on.. désert.. avec
eux. — En cette circonstance , les esclav.. de Milon
se sont comport.. comme chacun aurai.. voul.. q.
les siens se comport.. — N. somm.. fâch.. q. ma-
demoiselle votre sœur se soi.. mépr.. sur nos in-
tentions, e. qu'elle se soi.. gendarm.. comme elle
a fai.. — Si v. v. dédi.., n. n. dédir.. aussi : jam..
n. ne n. somm.. dédi.. quan.. n. av.. donn.. notre
parole. — Pourq.. v. êt..-v. condamn.. à une vie
si austère, ma tante? V. v. interd.. tou.. les amu-
semen.. — Dans l'espace d'une dem..-heure , v.
redi.. 20 fois la même chose. — Ne voy..-v. pas
q. v. v. contredi..? — A *quelque* chose malh.. e.
bon. — .., soi.. ses penchan.., un sage les surmont..;
c'e. de n. q. dépen.. ou la gloire ou la honte. —
Les choses qui fon.. plaisir à croi., seron.. touj..
cru.., ... vaines e. ... déraisonnab.. qu'elles puiss..
être. — Moi qui , loin des grandeurs don.. il e.
revêt.., aurai.. chois.. son cœur, e. cherch.. sa vert..!
— Et..-v. encore ce gran.. seign.. qui venai.. soup..
chez un misérab.. poète ? — *Le , la , les*. On di..
q. l'abbé Roquette prêch.. ... sermons d'autrui :
moi qui sai.. qu'il ... achèt.., je soutien.. qu'ils
son.. à lui. — Venez voir dans les nu . pass.. ...
reine des tortu.. ... reine? Vraiment oui; je ...
sui.. en effet. — Je veu.. être mère parce q. je ...
sui.. ; e. c'e. en vain q. je ne ... voudr.. pas être.

— Ma fille, si v. ét.. heureuse, votre mère ... serai.. aussi.—Ces peupl.. fur.. brav.., dites-v. ; e. pourq.. ne ... serai..-ils plus ? — Catherine de Médicis étai.. jalouse de son autorit.., e. elle ... devai.. être. — L'esclave vainement lutte contre sa chaîne; l'intrépide ... porte, e. le lâche ... traîne. — Et..-v. les maîtres de ce logis? Oui, n. ... somm.. — Et..-v. maîtres ici ? Non, n. ne ... somm. pas.

Jean Racine mourut en 1699. — Que de ... n'ont jamais songé à leurs défauts ! ... connais beaucoup. — Je partirai à la saint... ; .... suis sûr. — .... s'en alla comme il était venu. — Plus je lis cet ouvrage, plus ... admire les beautés. — Clotaire, au *lit* de mort, reconnut la puissance du roi des cieux. — La clef est dans ce tiroir ; tu ... trouveras ; je ... ai mise. — Là ... est dans ce baril ; vous ... trouverez. — Je .... souvent cette histoire dans mon livre, et je ne ... retrouve pas. — Si votre sœur va à la campagne, je ... suivrai. — Je *mis* mes effets dans la voiture, ensuite je ... plaçai ; je .... trouvai fort bien. — La ... de ce pain est très-tendre. — Il est parti ; je ... attendais. — Quelle obscurité! je ... perds — Je reste ici, on ... connaît. — Je remplirai cette tâche, puisque tu ... condamnes. — Nous avons le *nid ;* mais nous ... avons trouvé ... la mère ... les petits. — Parvenu au faîte de la gloire, il ... trouva ... la paix ... le bonheur. — ... mon grenier ... mon armoire ne se rempli.. à babiller. — *Quand* on est généralement haï, on sait toujours pourquoi on l'est. — ... vous auriez des trésors, ... feriez-vous ? .... à moi, je n'y attache aucun

prix.. — Cet ouvrage est beau ; ... pensez-vous?.
— ... viendront-ils ? — Il se moque du ... dira-t-on?
— ... cette somme est-elle due ? — *Qui* t'a parlé.
— Quel affreux désert ! ... ferons-nous? ... trouve-
verons-nous ? — Celui ... met un frein à la fureur
des flots. — Pourquoi ouvrez-vous cette boîte ? ...
cherchez-vous ? ... a-t-il de nouveau ? — ... te l'a
dit ? — Il est *si* mal adroit, qu'il casserai.. ma ...,
... je la lui prêtais. — Ma sœur est à Paris ; elle
... amuse , elle ... procure tous les plaisirs.—Qui ...
frotte ... pique. — Vous recevrez ... joint un paquet.
— Ce monde ...n'est qu'une œuvre comique.—
... l'on entrait dans le labyrinthe , on ... perdait
aussitôt.— Que nous veu.. celui-...? Ce jeu ... vous
amuse-t-il ? — Il mouru.. *sans* postérité. — Je lui
dis la vérité ... qu'il ... fâche. — ... est assez, ...
est trop, je ne vous écoute plus. — Quand on a
fait une telle perte, on ne .... console pas facilement.
— Quelle horreur ! c'est du ...! — Du ... de Ju-
piter issu de tous côtés. — Si de ... et de mor..
le ciel est affamé, jamais de plus de ... ses autels
n'ont fumé. — J'entends grond.. la foudre et ...
trembl.. la terre. — Moins on a de besoins réels,
plus on ... crée d'imaginaires. — *Tant* d'audace
ne sied pas à des vaincus. — J'ai langui, j'ai séché
dans les feux, dans les larmes, il suffit de tes yeux
pour ... persuad.. — Soyons amis , Cinna, c'est
moi qui ... convie. — Je t'ai comblé de biens , je
... veux accabler. — Le sage est ménager du ... et
des paroles. — Jamais monarque en France n'ac-
coutuma son peuple à ... d'obéissance. — Viens,
je ... prie. — As-tu le ...? — Je ne ... dispense pas.

Donnes-tu ces poires aux enfans? oui, je ....
non, je ... Iras-tu à Paris? oui, j'... non, je ...
— Irez-vous à Londres? oui, nous ... non, nous
... — Permettez-vous cette récréation à ma sœur?
oui, je ... non, je ne ... — Menez-vous votre
fille à la promenade? oui, je ... non, je ... —Se
repent-on de sa confiance? oui, on ... non, on ...
Dispensez-vous mon neveu de ce travail? oui, je...
non, je .... — Parleras-tu de cette affaire à ton
oncle? oui, je ... non, je ... — As-tu des fraises?
oui, je ... non, je n' .... — Éloignerez-vous cette
table du feu? oui, je ... non, je ... — S'est-il
acquitté de ce devoir? oui, il ... non, il ... — As-
tu rendu l'argent à ton ami? oui, je ... non, je
... — Te force-t-on à parler? oui, on ... non, on...
— Me suis-je attendu à ce traitement? oui, tu ...
non, tu ... — Me suis-je affranchi de cette loi? oui,
tu ... non, tu ... — Se promène-t-on ici? oui, on
... non, on ... — Rit-on à ce spectacle? oui, on...
non, on ... —A-t-on du profit? oui, on ... non, on...

Un baudet chargé de reliques s'imagina qu'on
l'adorait. — Voyez si vous romprez ces dards liés
ensemble; je vous expliquerai le nœud qui .... as-
semble. L'aîné.... ayant pris et fait tous ses efforts,
... rendit en disant: je ... donne aux plus forts.
Il sépare les dards, et ... rompt sans effort. —
L'avarice perd tout en voulant tout gagner. Je ne
veux, pour .... témoigner, que celui dont la poule,
à ce que dit la fable, pondait tous les jours un
œuf d'or. Il ... tua, ... ouvrit, et .... trouva semblable à celles dont les œufs ne lui rapportaient
rien.

Sont-ils malheureux ? Non , ils ne ... sont pas.—Ces enfants sont-ils les princes ? Oui, ils ... sont. —Etes-vous Rosalie ? Oui, je ... suis. — Etes-vous heureuse? Non , je ne ... suis pas. — Rendez-moi ce service , vous ... pouvez. — Etes-vous la sœur de mon ami? Oui, je ... suis. Ma mère est très-malade ; elle ... serait encore davantage, si je ne ... gardais pour ainsi dire à vue. — Elle est folle , et elle ... sera toujours. — Elle ne sont pas aussi instruites qu'elles ... paraissent. — Si nous ne sommes pas savans , nous ... deviendrons. — Ces oiseaux ne sont pas aussi rares qu'on ... dit. — Les richesses ne sont pas aussi désirables qu'on ... croit. — Nos malheurs sont plus grands que vous ne ... supposez.—Etes-vous ... reine ? Oui, je ... suis. — Etes-vous la maîtresse de ce logis ? Non , je ne ... suis pas.—Nous ne sommes pas rois , et nous ne voulons pas ... devenir. — Je suis maître de moi comme de l'univers. Je ... suis, je veux ...'être.

Subjonctifs.

(Vouloir) les immortels , conducteurs de ma langue , que je ne (dire) rien qui (devoir) être repris. — Oreste, se peut-il qu'Electre te (revoir)? — Il faut que tout se (soumettre) à la nécessité. — Moi je veux qu'on t'(adorer) et non pas qu'on te (craindre.) — N'attendez pas que le désespoir (réduire) les ennemis à tout tent... — Je ne pense pas que ce livre (être) utile. — Est-il juste qu'on (mourir) au pied levé, dit-il ? — Empêchez qu'on ne nous (mettre) toute l'Europe sur les bras.—Pour que la vérité (faire) impression, elle doit touch... — Quelque rare que (être) le vrai mérite, il l'est encore moins que la véritable amitié. — Il s'en faut bien que nous (connaître) tout ce que nos passions nous font faire. — Je désire que vous (fuir) les expressions trop recherch..., et que vous ne vous (servir) pas de mots plus grands que les choses. — Envoyez-moi un livre qui ne m'(endormir) pas. — Pour peu que vous vous (ennuyer) ici, adressez-vous à moi. — Si l'enfant perd l'appétit, et qu'il (paraître) souffrir, dites-le-moi. — Il aura fini avant que je (commencer.) — Soit qu'il (rire), soit qu'il se (plaindre), il semble toujours qu'il (agir) à contre-temps. — Quoique vous (travailler) beaucoup, vous n'en deviendr.. pas plus habile, si vous lisez sans discernement, et que vous ne (extraire) pas de vos lectures ce qu'elle renferm.. de meill.. — Je cherche un logement dont la situation (avoir) quelque chose de plus agréable, et d'où l'on (voir) la campagne. — J'ai trouv.. un logement qui me (plaire), et où je (jouir) de la vue de la campagne. — Tu es le premier qui se (plaindre), et le seul qui (méconnaître) nos soins. — C'est bien le plus méchant homme que je (connaître.) — La perte de votre estime est le plus grand malheur que nous (craindre.) — Il n'y a personne qui ne (fuir) le mal. — Je doute que vous (étudier) l'histoire avec fruit, si vous n'(étudier) en même temps la géographie, et que vous (croire) la connaissance de la chronologie inutile. — Je suis fach... qu'on vous (dire) hier de venir. — Je cherche un précepteur qui (faire) déjà plusieurs éducations. — Il faut que nous (finir) cette tâche dans une demi-heure. — (Périr) le Troyen auteur de nos alarmes ! *Changez les temps.*

NANCY, IMPRIMERIE DE DARD.

OUVRAGES

Qui se trouvent chez les mêmes libraires.

PREMIERS ÉLÉMENS D'ARITHMÉTIQUE, suivis de problèmes raisonués en forme d'anecdotes, a l'usage de la jeunesse, par Bentz, régent, 2ᵉ édition, revue et corrigée; prix : 1 fr.

HISTOIRE DE FRANCE, depuis l'établissement de la monarchie jusqu'à nos jours, par madame de Saint-Ouen, ouvrage couronné par la société de l'instruction élémentaire; prix : 75 cent.

HISTOIRE ANCIENNE ÉLÉMENTAIRE, accompagnée de tableaux chronologiques et de cartes qui en facilitent l'étude, par madame de Saint-Ouen; prix : 1 fr. 25 cent.

Cet ouvrage est adopté par la société de l'instruction élémentaire de Paris.

HISTOIRE ROMAINE ÉLÉMENTAIRE, accompagnée de tableaux chronologiques et cartes qui en facilitent l'étude, par madame de Saint-Ouen, 1 vol. in—18; prix : 1 fr. 25 cent.

NOUVELLE MÉTHODE pour apprendre la grammaire et l'orthographe françaises en peu de leçons, accompagnée d'un tableau de verbes, par M. Paccini, avocat, 1 vol. in—12; prix : 1 fr. 25 cent.

EXERCICES GRAMMATICAUX, à l'usage des écoles primaires, in—18; prix : 30 cent.

ATLAS ÉLÉMENTAIRE, pour la petite géographie de Meissas et Michelot, dix cartes coloriées; prix : 2 fr. Chaque carte se vend séparément 20 cent.

TRAITÉ ÉLÉMENTAIRE DE PERSPECTIVE, divisé en dix leçons, à l'usage des écoles qui étudient le dessin d'après nature, par Salme, professeur, 1 vol. in—12 avec planches; prix : 1 fr. 80 cent.